suncolor

The Mercury Retrograde Book

水逆 12 星座
生存指南

不只平安度過
更要逆勢成長的生活實踐書

雅思敏‧伯蘭 Yasmin Boland
基姆‧法內爾 Kim Farnell ／著

張祐瑜／譯

suncolor
三采文化

目　錄

序　章

水星逆行，究竟是迷思還是事實？

第 一 章

水逆來襲的影響？

第 二 章

當水逆落入各星座

第 三 章

當水逆落入各宮位

第 四 章

當水逆與行星有相位

作 者 的 話

讓水逆成為人生助力

　　本書是團隊合作的結晶。一開始是電子書形式，由雅思敏、基姆我們兩人共同合寫，之後雅思敏規劃讓本書在個人網站上架，供讀者付費閱讀。後來，賀氏書屋（Hay House UK）注意到這本書，針對內容提出增刪的建議，才變成現在各位讀者手中的樣貌。

　　就算是不懂占星學的人，一定也聽過「水星逆行」。我們認為，水逆這個現象非常值得深入了解。閱讀這本書，你會知道如何讓水逆成為助力。

　　希望你喜歡這本書。

雅思敏、基姆

序章

水星逆行，
究竟是迷思還是事實？

　　本書的主軸是水星的逆行週期，所以讓我們來了解一下水星。

　　水星是負責溝通的行星，舉凡開口說話、寫文字（不論電子郵件或小說）、思考事情、傾聽他人等，都是水星掌管的範疇。水星也是心智之星，引導你寫作、表達、吸收資訊，這些都是心智運作的一部分。只要知道水星落在哪個星座、對應哪個宮位，你就會明白自己是如何思考、表達，甚至要怎麼和人協商。

　　水星同時是交通運輸的行星，與短期旅行、工作通勤都有關係。水星並主宰著商業貿易，掌管智慧、思想、對知識的渴望以及學習的意願與能力。你思考敏捷嗎？你喜歡分析事物嗎？你學東西快速嗎？你能夠保守祕密嗎？只要了解水星，這些問題都能得到解答。

　　水星就像魔術師，應變節奏快速靈巧。如果有人說話的語速很快，或是講話流暢，那都是水星的功勞；假如有人想太多、猶豫不決，也可以從水星得到解釋。

行星會倒退走？
真相是這樣！

隨著大眾對占星學的興趣提高，越來越多人聽過「水星逆行」這個詞，甚至出現連占星師以外的人都知道「水星看起來在天上倒退走」的現象。不過，大眾對水逆也存有誤解，把它相關的很多事都跟厄運綁在一起，但事實並不然！這也是我們撰寫這本書的初衷：水逆也是具有正面意義的！我們要打破迷思，幫助你充分了解、利用這個星象。

當然，行星並不會真的轉身朝反方向移動，只是從地球的角度看來，行星有時候確實像在反向運行。這是一種視覺誤差，因為行星和地球的相對位置、它們各自繞行太陽的模式導致。

　　水星是最靠近太陽的行星，軌道比地球短，繞行太陽一周的時間只要八十八天，地球則需要三百六十五天。換句話說，地球繞行太陽一圈的時間，對水星而言已經走了四圈，加上軌道較短的水星容易造成視覺誤差，會讓它看起來像是先加速超越了地球，接著又放慢速度、倒退走，形成所謂的水星逆行現象。以田徑場跑道來比喻，水星是內圈跑者，地球是外圈跑者，因為跑道長度的差異，造成相對位置的差異。

下圖是在地球上觀測水星移動軌跡的示意圖，看起來水星每前進一段，就會向後「倒轉」一圈，再繼續往前進。對照星盤來看的話，水逆就是本來走到某一個星座後，突然倒退回去前一個星座。但這只是一種觀測上的錯覺，並不是水星真的倒退著運行。

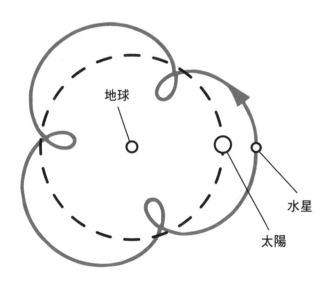

地球

水星

太陽

↑水星繞行太陽的軌道示意圖，從地球的角度來看，
圖上的灰色實線就是水星運行的軌跡。

水星不是唯一一顆會逆行的星球，其他星球也會（除了太陽和月亮，因為它們不算行星）。當行星逆行時，我們會發現與該行星相關的事物會變得停滯，或是我們會因此獲得重新進行、整理的機會。其中，水逆是行星逆行當中廣為人知的，一年會發生三、四次，約占全年百分之二十的時間。

　　無論水星是順行還是逆行，只要出現都會觸發水星議題。前面說過水星是個魔術師，所以逆行時會造成的影響也不太一樣，它的能量更強，會讓人覺得似乎每件事都出了差錯。但你會發現，其實可以有意識地善用水星逆行的能量，讓它成為自己的一大助力。

那些關於水逆的
常見迷思

在開始探索如何將水星能量運用到極致之前，我們
先來破除一些關於水逆的迷思。剛才解釋過「水星看起
來往後走」只是一個錯覺，而另一個常見迷思，是水星
在逆行期間離太陽太近，所以我們會看不到它。

實際情況是，多數時候的水星都太靠近太陽，以至
於我們看不見它。但是當水星快要開始逆行時，它和太

陽的距離會比之前遠一點，這時候反而會變得肉眼可見。水星正式逆行時，我們可在日落後短暫看到它——在太陽落下的位置附近有一顆微亮的星，那就是水星；當水逆即將結束，則是會在日出前看到水星。

另外，許多人也對這類迷思深信不疑：「生命中一切的不順都是水逆造成的」、「水逆只會帶來麻煩」（假如不論水逆是否發生，你都經常搞砸旅行計畫、溝通不順利、錯過約會、弄丟東西，或是刪掉重要的電子郵件，那可就不能全怪在水星身上。）雖然水逆期間確實比較容易出差錯，尤其是跟溝通相關的事，這些差錯著實惱人又令人挫折，但從這本書，你不只能學到如何預防水逆時的最糟情況，還能了解如何善用水逆。比方說，水逆期間就非常適合處理過往沒解決的事，或是制訂未來新計畫。

不可忽視的水逆陰影期

　　水星開始逆行之前，以及水星要重新「步入正軌」時（即水逆結束的時候），就是所謂的「陰影期」。在這段期間，你可能會感受到水逆更強烈的影響，因為任何星象在開始和結束之時，能量總是最強大的。

　　前陰影期，即水逆開始之前，是你能為水逆做好準備的時機。這段期間不適合做決定，最好盡量保持彈性。

後陰影期，有時亦稱為「迴盪」（echo），指的是逆行結束的時期，讓你好好消化水逆帶來的影響，凡事宜步步為營，別急著將新計畫付諸實行。

陰影期的存在，代表水逆的影響會比實際的逆行時間來得更久。而最令人灰心的時刻，往往是水星要準備逆行或順行之前，也就是水星「停滯」的時候，這是靜止和沉思的階段，所以不適合安排計畫。

何謂陰影期

　　所謂的陰影期，指的大約是水逆前後各兩星期的時間。如果你是占星學新手，只要留意水逆開始和結束的日期就好（見附錄 P 258-263）。然而，如果你已非新手，或是想要在占星領域有更深入的研究，就可以開始了解星盤上各宮位的度數。以下是陰影期的運作模式（請用俯視的方式參考 P19 圖片）：

●下圖是水星運行的軌跡示意圖，水星按照
①→②→③→④的方向移動。

●水星在前陰影期是順行的，直到經過位置②停下
來，因為接著會回頭逆行，視覺上會感覺水星在位
置②停滯，代表前陰影期的結束，以及正式水逆的
開始。

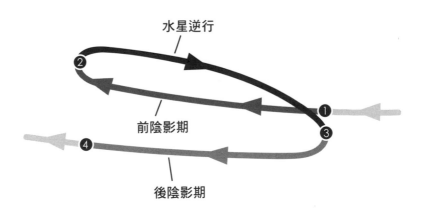

↑水星的陰影期

● 水星會一直逆行回到位置③的度數後停下來，這是
　順行前的水星停滯，代表水逆週期的結束，以及後
　陰影期的開始。

● 水星恢復順行，路徑再度經過先前逆行的星座，即
　水逆的後陰影期。最後，水星抵達位置④的度數，
　也是之前它開始逆行的起點，在這裡結束後陰影
　期。

1. 一個完整的水逆週期，包含前陰影期、正式水逆
　 期、後陰影期等三個階段。
2. 前陰影期結束後，會在②的位置停滯，再開始正
　 式水逆期。
3. ①跟③是相同的度數，②跟④是相同的度數。
4. 當水星在後陰影期順行，來到④的度數時，就是
　 後陰影期的結束，也就是整個水逆期間的終點。

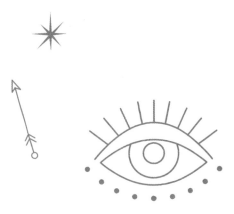

行星逆行的常見影響

行星一旦逆行，與該行星相關的事物便會慢下來，而且常常會發展成未解決或是未完成的狀態，也因此我們會知道，有些事情可能正在檯面下默默進行，是時候重新檢視與該行星有關的議題了。以水逆來說，這意味著我們要特別注意溝通、交通運輸、新科技相關，以及水星也掌管的買賣、合約、協議跟重要文件。

這就是為什麼，你會感覺明明事情都弄清楚了，可是一碰上水逆，整個世界好像又變得一團亂，精心安排的計畫停滯、別人話才說到一半你就恍神，另外還可能遇到下列狀況：

- 有些日常設備原本運作得好好的，卻突然故障。
- 哪裡都找不到你的鑰匙。
- 漏讀重要文件上的小字，事後才發現自己虧大了。
- 買了某件昂貴的物品，幾個星期後，發現該物品正半價促銷，或是發現其他地方賣得比較便宜。
- 電腦突然故障，所有檔案都不見了。
- 文件無法如期交到收件人手上，打電話對方漏接，傳簡訊對方沒有回覆。
- 班機延遲或是行李遺失。
- 和朋友聚會時跑錯餐廳。
- 工作夥伴忘了你召開會議，所以沒有出席。
- 款項匯入錯誤的銀行帳戶。

- 和最好的朋友起爭執，因為他們覺得你在背後偷講八卦。
- 路上遇到塞車，或是車子故障。

這些事情當然也可能在水星順行時發生，但水逆期間似乎變得更頻繁就是了。這些事確實讓人感到不便、麻煩、受挫，你能做的就只有提前規劃，並且特別留心水星的影響。不過，水逆期間也是會有好事發生，例如：

- 重新聯絡上老朋友。
- 終於完成某項要把你逼瘋的工作。
- 某個物品故障了，卻得到一個品質更好的新品。
- 針對某個協議重新談判，條件變得對你更有利。
- 重做某項工作，但品質大幅提升。
- 必須面對過去一直想逃避、有點嚴肅、難以開口的話題，但最終結果是好的。
- 一直苦尋不到的那個東西出現了。

- 找到之前遺失的錢包，而且發現裡面的現金比你想的還多。
- 房子重新裝修的成果比預期的更好。
- 個人網頁壞掉了，於是換了一個更好用的新網站。
- 不喜歡網購洋裝的顏色，決定退貨後，順利拿到退回的款項。
- 做了一個為你解決問題的啟示夢。

不過，如果水逆和你的個人星盤有所呼應，那就會受到更強烈的影響，所有星象都是如此。比方說，如果你是牡羊座，而水星在牡羊座逆行，那你可能就會比處女座的人受到更強烈的影響（當然，假如那個人是月亮處女，水星也在該位置逆行，那就另當別論了）。

另外，如果你的星盤上本來就有水星逆行，可能就不會像其他人感受到那麼強烈的水逆能量，因為你比較能適應。有些水逆期間出生的人表示，在他們長大一點

之後，水逆反而成為他們生活上的助力，在水逆期間也感覺自己沒那麼格格不入。（見 P76）

普遍來說，事情會不會出錯，取決於你怎麼應對水逆能量，道理跟一般生活上的所有事一樣。如果你回到家多花一秒好好把鑰匙掛起來、重要的文件就多讀幾遍、不要太在意朋友說了什麼蠢話……那問題可能會少很多。即使有些事看起來絕對會變成一場災難，比如就是這麼湊巧遇到前任之類的，實際上可能也沒你想的那麼糟。重點是：如果你對生命中的任何機緣保持開放，也不會太快下結論，那你就有辦法好好利用水逆。

行星逆行期間，由於能量集中，清楚表達自己的想法可能變得比平常困難，但也絕非不可能的任務，或許只需要專注一點仔細傾聽。你可能也會發現，水逆或許不是展開新事物的好時機，但只要等到你研究透徹，就可以行動了。

因此，關於水逆會帶來混亂、折磨、痛苦這些事，雖然它的確會讓事情變得跟平常不太一樣，你可能會有一些挑戰要克服，但實質上它依然是個迷思。如前所述，水星是個魔術師，只要我們夠了解水星的把戲，就能善加利用。

水逆的三階段

　　如果你是占星學的新手，可能不了解「行星逆行」究竟象徵著什麼，下面學習駕駛汽車的概念，或許能拿來做比擬：

　　剛出生的時候，你完全不知道自己無法開車，這是**無意識的無能（unconsciously unskilled）**。但只要過一陣子，你就會明白自己無法開車（大約三、四歲的時候，

如果你是個神童，那可能更早），這是**有意識的無能**（**consciously unskilled**）。

　　接著，因地區法規而異，通常在十六、七歲的時候，你會開始學怎麼開車。雖然會開車了，但在學習的過程，你一直想著所有步驟，包括煞車、轉彎、停車等，這是**有意識的有能**（**consciously skilled**）。最後，持續開車幾個月或幾年，一切都會變得自然順手。你可以開著車四處遊玩，不必思考換檔、開車燈、踩煞車等，這時是**無意識的有能**（**unconsciously skilled**）。你的能力已經夠熟練，所以開車的時候不再需要想太多。

　　逆行就有點像這樣感覺，它也有所謂的「三階段」，讓我們翻開下頁參考說明。

☾ 第一階段

　　水星經過你星盤上的某個宮位，跟一或多個行星產生相位（見第四章）。你只能被動應付接連不斷冒出的麻煩，此刻屬於無意識的無能。

☾ 第二階段

　　行星開始逆行或是已經逆行，當它回到星盤的前一個宮位，你會感受到一些鬼打牆，或是生命中某些事件再次發生、過去的議題重現。你的水逆如何體現，取決於行星逆行的位置，它落在哪個星座、哪一宮、和哪些行星產生相位。這段時期是整個逆行週期中比較激烈的部分，因為這時候的行星能量是雙倍，你會感覺到之前的做法好像不太對，水星逆行是你的第二次機會，或者說是個提醒，也可能是（目前）最後一次機會。你有望進展為有意識的有能。

◐ 第三階段

　　逆行結束，進入後陰影期，水星在星盤上就要恢復順行了。水星會經過同樣的路徑，所有事情會重來一遍，還可能再次帶動前兩階段出現的相關議題。這是水逆的最後階段，到這個時刻，最理想的情況是你已經能應對本次行星過運所要教導你的課題，也不太會感覺到有什麼不同，你現在是無意識的有能了。

水逆也可以是助力

　　不要懷疑，我們真的可以有意識地利用水逆。舉個知名的例子，日本歌手小野洋子[1]會特地選在水逆期間簽約，以便日後更容易重新談判。

1：Yoko Ono，日裔美籍多媒體藝術家，也是披頭四主唱約翰‧藍儂的第二任妻子。

我（雅思敏）也曾在水逆期間買下一間法拍屋，當時貸款顧問安排的方案竟然是九成的指數型房貸，實在不符我的需求，因此煩惱得要命。不過，因為我知道水星正在逆行，於是在第一次扣款前，找了另一家貸款代辦公司辦理新方案，結果還不用付違約金！

我們相信，水逆是宇宙想告訴你：**你還沒準備好做決定，有其他需要你納入考量的因素存在，所以請繼續多方蒐集資訊。**

水逆期間，有些人喜歡暫緩一切活動，但這不太實際，有誰的生活可以這樣隨意停擺好幾個星期？當然，若你真的有機會能在水逆期間沉澱一陣子，請牢牢把握，因為水逆是最適合休息、充電的時間。

同樣的道理，如果你打算在水逆期間旅遊，一定要事前安排好所有行程。不然的話，就隨遇而安吧！你可

能會被迫放慢腳步好一陣子，但如果你夠專注，並且享受水逆帶來的任何影響，那就能減少潛在的麻煩。

如前面所述，水逆的影響在陰影期最強烈（也就是水星正要逆行、以及它要轉回順行的時候）。但其實，整個水逆期間，包括水逆前後，都會影響我們的世界。

關於水逆，有幾項最重要的提醒：

● 不要認為水逆期間的所有事情都會搞砸，有時候水逆是對你有幫助的。比方說，假如你因為薪水太低而拒絕一份工作機會，當時的面試官很有可能會提升福利再找你一次。

● 當水逆將未解決的往事搬上檯面，記得趁機好好整理一番。只要你做到了，就能釐清思緒，知道下一步該怎麼走。無論如何，在水逆期間都希望凡事更

有組織。

- 水逆不是展開新事物的好時機，但你可以讓進行中的工作更臻完美，未完成的計畫也可以告一個段落。假如你真的必須啟動新計畫，猜猜會發生什麼事？這個計畫八成會在未來的某次水逆重新來過，或是要持續到那時候才能結束。

- 就算你真的努力想敲定某個計畫，也會發現這件事很不容易。請注意，要別人做出決定恐怕很難，而且一旦水星恢復順行，任何決定都有可能變動。

- 水逆的影響下，感情關係可能出問題。例如，溝通不良時，你的另一半可能表現得很情緒化，宣告一切結束，不肯再見你，但是一週後又跑回來。這都是因為人很難在水逆期間保持思緒清晰。

☾⊙ 讓水逆成為助力的 16 件事

　　想善用水逆，最好的方法就是留意以下十六個 re 開頭的英文字（re 這個字首有「重複」的意思），讓我們一起來看看：

展延、更新（Renew）：

　　如果舊的承諾都還沒達成，就要承攬新的責任，你只會負擔過重。你可以展延既有的任務，好好把它做完。

仔細審核（Review）：

　　我們需要放慢腳步好好審核事物，才能判斷是否正確，又或許是換個新視角來思考。凡事多檢查一遍可能很花時間，卻能省去事後的後悔或麻煩，從長期來看這才是省時的做法。比方說，重新檢視你的財務安排，可能會幫你省下一筆錢。如果你在水逆期間重新調查不同公司的服務，可能會得到優惠更多的方案，或是換得一

張利率更低的信用卡。

深思（Reflect）：

　　有時候你得花點時間思考自己的下一步。水逆期間，最適合思考自己到目前為止做過的努力，以及接下來要將精力投注到哪個方面。同時，水逆會讓直覺更敏銳，你會感知到平常所忽略的潛意識，得到靈感啟發。

修正（Revise）：

　　雖然會議的取消或延期令人沮喪，但你可以趁機蒐集更多可能派上用場的資訊，或單純好好地充電一下，到時候就能從中獲取更多。換句話說，水逆期間也非常適合修訂文字。

改進（Revamp）：

　　如果你的某個物品看起來有點過時或老舊，最不費力的做法就是買一個新的。但只要花一點點心力，或許

就可以把舊的物品改造成全新的樣貌，畢竟水逆期間是改造物品的完美時機。

修補（Repair）：

發現家中環境需要修繕的時候，我們總是習慣性地想逃避、先擺著。可是如果把破洞放著不管，小小的漏水問題可能演變成大洪水。所以準備好工具，把家裡該修的東西修一修吧！

重新考慮（Rethink）：

隨著人生歷練的累積，你的想法也會有所改變。水逆期間最適合重新審視自己的信仰、原則、觀念，看看它們到底是出於過往的習慣，還是真的符合現在的生活需求。

節制（Refrain）：

如果忍住了一時的衝動購物，就會有更多時間尋找自己想買的東西、用更便宜的價格買到，說不定還會發現更適合你的產品。

研究、調查（Research）：

任何行動之前，都要先確實掌握你所需要的資訊。意即你可以等到水星恢復順行再做出最後決定。

返回（Return）：

以工作來說，比起耗費心神開發新客源，回頭聯繫老客戶會更有效果。

重訪某地（Revisit）：

或許有某個地方，你一直想再去一次，卻遲遲苦無時機，那就可以選在水逆期間舊地重遊。又或者，你可以回想過去某個情境，並用新的視角審視。

重新組織（Reorganize）：

如果你的生活一團混亂，就很難把工作做好。花點時間把自己的家和工作環境整理一番，長久來看，將會從生活中得到龐大紅利。

找回（Retrieve）：

水逆期間，很容易找到過去遺失的物品，不妨趁著水逆來整理環境。

重新聯繫（Reconnect）：

你可以重新跟親友聯絡上，或是重拾過去的目標，花點心思想辦法達成它，這些都可說是水逆最正面的影響。不過，如果你打算重新聯絡前任情人，或許還是先緩緩，畢竟對方之所以變成前任，通常一定有個頗為關鍵的原因。

解決（Resolve）：

即使你刻意忽略問題，那些未解決的爭議還是會不斷影響你的人際關係。只有把任何分歧都攤開來處理，才能讓所有人都獲得一個全新的開始。

重複（Repeat）：

盡量重複自己的話，確保別人明白你的意思。畢竟別人不一定跟你有一樣的頻率，所以不要預設立場。雖然可能有點麻煩，但總比後續出問題好多了。

水逆期間的
12 個該與不該

如前所述，水逆期間非常適合處理過去未完成的事。有些事情就是這樣，雖然起了個頭，卻一直無法結案，生活因此變得雜亂無章。但水逆能幫助我們把事情做個了結，讓未來變得更明朗。如果你能善用水逆，就能順利迎接水星順行後的新氣象。而「提前做好準備」就是善用水逆很重要的一環。

請參考以下清單，我們詳列了十二件該做和不該做的事，以此來讓你提前注意，並協助你做出正確判斷：

該做	不該做
所有文件至少要讀過兩遍再簽名，否則你可能會忽略某些細節。假如在水逆期間簽訂合約，等到水星恢復順行時，你極可能會想改變心意，或是想要修改其中某項條款。	略過文件上的小字就直接簽名。這一點無論在任何時刻都不該如此，但水逆期間尤其不好。
針對既有的協議重新談判。	簽署新協議，或是做出人生重大決定。當你越想要穩定下來，就越不應該在水逆期間做決定，因為事情不會如你所願。
旅行時，做好延期，甚至取消的心理準備。如果不得已依舊成行，一定要預留時間，以免行程有變。	出門旅行毫無備案，事前也沒有再次確認行程。若真是如此，記得打包行李時多帶點幽默感（畢竟水星可是魔術師！）
對於要出門的行程，記得預留多一點時間，以應付可能發生的意外。出發前再三確認細節。	太晚出門，還自以為能趕得上時間（別說準時抵達了，你最後還很有可能大遲到）。

該做	不該做
順延舊有的任務，不要承攬新責任。先把已經開始一陣子的事情做完吧！	該做的事項還沒做完，又急著開始另一件新的事。不要這樣，否則你之後有可能還要重做一遍。
如果有採買計畫，請做好比價，或先修復已經有的東西。假如你真的得在水逆期間購買，請把收據收好。另外，把東西整理好，舊的物品可以送給別人。	購買貴重物品，例如汽車、電腦。可以的話，盡量不要在水逆期間買這些。假如你真的買了，在未來某次水逆期間，極有可能需要再更換。
物色新工作，修改履歷表。	一有新的工作機會就急著轉職。這個機會很可能會讓你經歷更多挫敗，甚至讓你在許多方面都得重新上手。不過，換個角度思考，雖然或許要多花點時間才能有所進展，但你會從中學到東西的。
如果你之前曾暫停某個課程，是時候重新開始。	報名新課程。可以的話，盡量避免這樣做。但往好處想，水逆期間開始的任何事都很容易發生變化，屆時應該可以重新調整以符合你的需求。

該做	不該做
隨時注意手機電量，做好資料備份。	過度依賴電子設備。水逆期間很容易弄丟手機，或是電腦中毒。
跟老朋友聚會，你很可能會在最莫名其妙的時刻聽到舊識的近況，或是巧遇故友。不過如果有約，記得事前要再三確認日期、行程。	沒有想清楚就貿然和前任見面。你很有可能會感到混亂、失誤，或是行程被迫取消、關係變得糾纏不清。在水逆期間展開的戀情永遠會受到水逆影響，當然結果也有可能是好的。你會需要試驗、觀察看看！
寄出任何電子郵件和資料前，務必多檢查幾遍。	沒有仔細檢查就寄出信件。你可能會不小心按到「回覆所有人」或傳給錯的人。切記，不要隨意寄出未檢查的內容，這是一條不管水星順行或逆行時都要嚴守的「鐵律」，水逆期間特別重要。
開口說話前先停一下、深呼吸，必要時把自己的話再重複一遍。	誤導他人、傳遞混淆的訊息、輕易相信別人的話（記得事實勝於雄辯）、太早下定論，或是散布八卦。

如果真的有事情在水逆期間出錯，盡量不要太悲觀，也不要把別人想得太壞。在水逆影響下，包括你在內的所有人都會變得比較粗心、容易犯錯、健忘。有些人可能沒讀到你發出去的電子郵件或訊息，就算他們已讀未回，也不見得表示他們不想理你。事實上，有時候面對面溝通可能更簡單。

　　注意，你在水逆期間起頭的任何事，或是購買的任何物品，之後都可能需要修正至少一次，才會得到自己真正想要的，無論是新工作還是新手機都一樣。但修正過程是值得的，水逆會是你的好老師。

　　如果逆行害你覺得沮喪、混亂，不妨想想這時間地球上的萬事萬物都同樣受到水逆的影響，這樣可能會讓你好過一點，另外也要盡量對自己和他人保持寬容。

　　我們所投注的時間、金錢和注意力，都會藉由水逆

這個機會得到報償。不管事情是什麼時候開始，只要一到水逆，我們會自然地去重新思考、檢視、修正它。

水逆保命準則

面對水逆的關鍵，在於觀察它透露了哪些必要、重要的訊息，並且盡量不要急著做出重大決定。水逆通常會帶來更多資訊，最好是靜觀其變，可以的話，等到水逆結束（理想狀況是過幾天）再行動。

本書使用說明

············ ☾ ☾ ✦ ☽ ☽ ············

　　本書共有四個章節，包括水逆會如何影響生活、有哪些事情要避免，以及如何善用水逆這段時間。

　　第一章會說明落在各種元素（火、土、風、水）的水逆會怎麼影響你。第二章，我們會看落在十二星座的水逆各自會帶來什麼影響。第三章，則要說明水逆能量如何體現在個人星盤上的十二個宮位。第四章將討論當水逆和你的星產生「相位」，會發生什麼事。

　　最後的附錄，將列出至 2032 年的水逆時間表。

第一章

水逆來襲的影響

首先，我們得先知道下列問題的答案，才能了解水逆的影響：

1. 落在哪種元素？

2. 落在哪個星座？

3. 落在哪個宮位？

4. 是否和我的行星產生相位？（對占星學有興趣者知道就好。）

　　光是知道水逆要開始了，你就應該有所警惕，因為這段期間事情的運作會變得不太一樣。但如果你還知道水逆落在哪個星象、哪個星座，就能獲得更多有用的資訊。除此之外，若了解水逆對應到自己的哪個宮位，以及水逆是否與其他行星產生相位，就能更清楚地看見水逆的全貌。而你可以從本書找到以上所有的資訊。

　　想知道水星什麼時候逆行，你可以留意報紙、網路專欄。當然，為了喜愛提早準備的你，我們在書末的附錄詳列至 2032 年的水逆日期，方便你隨時查找。

先來了解逆行符號

你知道嗎？行星逆行有個特殊符號「℞」，看起來像是英文字母「R」的尾巴多一條線（而有時為了方便，打字時會用「℞」代替）。水星逆行的符號，就是由水星符號「☿」和逆行符號「℞」並排組成。「℞」除了代表行星逆行，同時也是醫師、藥師所用的處方符號，源自拉丁文「recipe」，意思是「得到、收受」。

關於「℞」的起源有不同說法。其中一種說法認為「℞」是由木星符號「♃」演變而來，目的是用來召喚天神朱比特（雖然有可能只是記載的人用木星符號來代替「℞」）。另一種說法，則是認為「℞」演變自埃及的荷魯斯之眼（The Eye of Horus），如下圖所示。

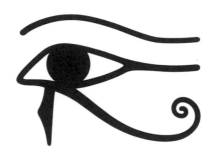

↑荷魯斯之眼

　　在古埃及，這個符號被用來抵禦邪惡、保護法老的來生、祈求身體健康。雖然荷魯斯之眼的眼睛圖案也被當作藥學的符號，但「℞」是否源自荷魯斯之眼，並沒有

太多證據。

　　因此，第一種說法是最有可能的：「℞」演變自木星的符號。畢竟，不少縮寫符號都是將字母加上一條小短線。例如，英鎊符號「£」就是字母「L」加上一個橫向的短線，也是重量單位「磅」（拉丁文寫作「libra」）。

當水逆落在四大元素

水星每次逆行的時候，就會在星盤上往較小的度數移動，也就是跟原來順行的方向相反、倒著走的意思。大部分的水逆，水星會從某一種元素，逆回相鄰的另一種元素，例如從水象星座逆回風象星座（四種元素的排列順序是火、土、風、水）。水逆一年大約發生三到四次，沒有固定發生在哪種元素的規律，但水逆最少發生在水象星座，因此某種程度也說明，為什麼落在水象星

座的水逆會讓人們覺得更加難以應付，畢竟大家對它比較陌生。

　　每次的水逆大約會持續三週的時間，但若算上前面提到的陰影期（P18），水星可能在同一個星座停留長達三個月。這表示與該星座相關的各種議題會不斷浮現，我們也因此獲得更長的時間來反思回顧。

　　回顧不見得是壞事，因為有時候我們很需要多點時間重新思考一些事、適時暫停、審慎評估。事實上，停下來反思之後，我們更容易做出正確決定，變得更有生產力。因此，最好的做法是趁水逆期間，針對你最關切的議題盡量蒐集資訊，等待水逆結束後再下決定或行動。

☾ 大原則

　　若要解讀水逆可能帶來的影響，觀察它落在哪種元素或許是好的開始。占星學將十二星座分成火、土、風、水四個元素，請見下列：

- 火象星座：牡羊座、獅子座、射手座
- 土象星座：金牛座、處女座、摩羯座
- 風象星座：雙子座、天秤座、水瓶座
- 水象星座：巨蟹座、天蠍座、雙魚座

　　同元素的三個星座有很多共通點，所以我們其實可以從水逆所屬的元素理出一些頭緒。落在特定元素的水逆會帶來什麼影響，這點適用於每一個人，無關乎太陽星座或上升星座。

水逆在火象星座

牡羊座 ｜ 獅子座 ｜ 射手座

　　當水逆落在火象星座，你可能會覺得很多事情不如想像中熱鬧、吸引人。畢竟火的能量可以點亮世界，帶動創意與目光。或許你會想要做些了不得的事情，但可惜的是，水逆期間會遇到許多延期的情況，十分乏味。不過，這也可能表示你還需要更多時間來孕育靈感。

火的能量可以激出火花，但你必須問問自己「這真的是我想做的事嗎？」「我能夠堅持到最後嗎？」請誠實回答這些問題。反正沒人在考驗你，開心的話，大可以放棄再從頭開始！

　　火也和發光發熱有關，但落在火象星座的水逆可能會誤導你，讓你自以為「很旺」。事實上，你只是出於一股衝動，覺得隨便做點什麼事都好，不想靜靜待著。但你應該感受自己內心深處的火苗，即使好一陣子沒有煽動它，那把火仍一直都在。這就是火能量的另一個層面，如果你被生活壓得喘不過氣，落在火象星座的水逆會鼓勵你再試一次。

　　你可以發揮創意，做些生活上的改變，無需害羞。火象星座總是能把人生過得有滋有味，所以問問自己有沒有盡可能享受這趟人生旅程。不管在水逆期間做了什麼，難免都會有些試錯的過程，但即使如此，這些經驗

會幫助你一點一滴、釋放出最大創造力。

☽ 你可以這樣善用水星能量

想要善用水星能量，最簡單的做法就是利用火，不論生活化還是儀式感的方式都好。你可以單純點燃一根蠟燭，靜靜冥想，也可以邀請朋友圍著燃燒的營火。總之，任何用到火的儀式，都能有效連結落在火象星座的水逆能量。

☽ 最適合這樣做⋯⋯

當水逆在火象星座，最適合思考如何展現創意的一面，遵從內心的熱情所在。

☽⊙ 對哪些人最有利……

　　落在火象星座的水逆，最利於太陽星座或上升星座是火象的人，其次是風象的人。

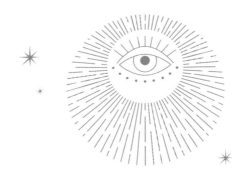

水逆在土象星座

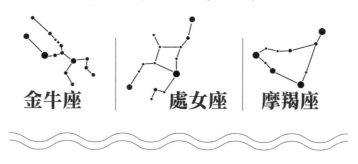

金牛座 | 處女座 | 摩羯座

　　當水逆落在土象星座，土能量會讓我們變得比較務實，甚至有點嚴肅。這段期間為了和地球重新連結，你可以多待在戶外，或是想想自己能為周圍環境做些什麼。你需要哪些新的物品嗎？還是可以修理、改裝舊有的東西就好？改變「用完即丟」的生活方式，既能保護地球，

也能節省荷包。

　　這段期間，你可能會一直想著實際面的問題，關注最基本、重要的層面。假如你必須變得更有條理才行，也是時候該清楚意識到這回事了。如果你不改變，這些力量是會強加於你的，所以最好還是做好準備。

　　一旦你變得更有組織，反而會更容易隨機應變、享受生命的樂趣，雖然聽起來有點奇怪，但這就是水逆運作的典型方式。不過，當水逆落在土象星座，要特別留意準時完成任務、遵守預算，以及照顧健康。金錢可能會是這段時間的問題，也可能是解方。

　　如果你是做生意的人，這段時期正適合聯繫舊客戶，或是進一步蒐集潛在客戶的各種資訊。如果你的靈活度夠高、適應力夠好，還會看見更多新機會。

☾ 你可以這樣善用水星能量

水逆在土象星座時，任何來自大地的元素，都能構成一個很好的儀式。比方說，你可以用神聖的石頭、水晶、花卉擺出一個曼陀羅的陣式，藉此請求上天開示，看看自己需要學會什麼。

☾ 最適合這樣做……

當水逆在土象星座，最適合重新評估自己的目標。假如你知道自己老是糊里糊塗、瘋瘋癲癲，也是時候表現得務實一點。如果你有在使用水晶，現在可以好好擦拭它們，讓能量恢復。

☾⊙ 對哪些人最有利⋯⋯

落在土象星座的水逆，最利於太陽星座或上升星座是土象的人，其次是水象的人。

水逆在風象星座

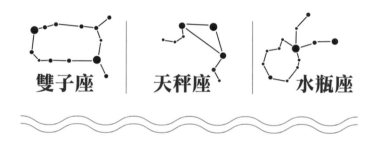

雙子座 | 天秤座 | 水瓶座

　　如果你能保持專注、隨時觀察周遭，腦袋就可以把事物連結起來，在水逆期間擁有源源不絕的靈感，「有了！」會成為你的口頭禪。人生就是一場實驗，我們必須嘗試不同理論，然後修正。

這段時期也很適合嘗試瑜伽、深呼吸，改善心猿意馬的情況。

　　當水逆落在風象星座，我們可能會面臨許多紛雜的意見或叨唸，把自己給搞糊塗了，所以，最好盡量避免太多沒意義的談話。又或者，你進到思考的狀態，但不確定方向對不對。可能套用了好幾種思維模式，而每一種又會指引你往不同方向去想。

　　不過，在此刻表達你的想法會很有成效。「說出來」能讓你的點子重生，化解誤會，同時也激勵他人與你分享意見。但要記得，不只是說，還需要傾聽。

　　水逆在風象星座的時候，難免會有不少麻煩的瑣事。例如，你可能會遺失文件、錯過火車，或是和朋友約好，對方卻忘記赴約，害你枯等好幾個小時。另外，現在也不適合購買機械用品，如汽車或電腦。

如果你讓事情簡單化，生活就能變得更輕鬆一點。當你想做越多事，就越容易出錯。水逆落在風象星座時，要盡量避免倉促地做出決定，因為你可能還缺少某些必要資訊。

☾ 你可以這樣善用水星能量

與其依循本能反應去對抗水逆，不如透過一些儀式來連結水逆的能量、適應水逆。想要善用風元素，一根象徵飛行的美麗鳥羽會效果很好。任何與記錄有關的活動也不錯，因為風元素掌管了你的思緒。

☾ 最適合這樣做……

當水逆在風象星座，最好把細節討論清楚、和他人更新一下近況，也很適合在社群媒體上活躍表現。不過要留意，網路在這段期間也比較容易出現一些混亂。如

果你有小孩，可以對他們的社群媒體突擊檢查，確保他們在網路世界一切都好。

☾ 對哪些人最有利……

　　落在風象星座的水逆，最利於太陽星座或上升星座是風象的人，其次是火象的人。

水逆在水象星座

巨蟹座 ｜ 天蠍座 ｜ 雙魚座

　　當水逆落在水象星座，你得相信自己的直覺。請聆聽內心深處的微小聲音，尤其感覺它要開始吶喊的時候，更應該注意。此刻，比起別人實際對你說的內容，更重要的是那番話說出來的方式，一個人眼裡露出的笑意會比臉上的微笑來得更有價值。這也是重新審視陳年情緒

的時機，不管是為了淨化心靈，還是要獲得平靜。

　　這時候適合放慢腳步，集中注意力在自身的情緒反應，問問自己的感受是什麼、為什麼會出現這種感覺。無論對別人還是自己，最好都不要貿然地加以批判，寬容一點才是明智的的做法。你應該要明白，水逆影響所有人，不會只有你一個人的情緒起伏變大。

　　另外，你可能會想要退一步思考，花點時間整理思緒。如果能從新的角度觀察，或許會發現過去的習慣正阻礙著你，但也會發現該如何改變這個局面。

　　分析自己的夢境和不同的感受，再用日記寫下來，這會是非常好的方式，讓你從水逆有所獲益。你很可能會變得直覺更敏銳、心思更細膩，也更有想像力，你只需要覺察這些力量到底體現在哪裡，如此便能從過去的事件得到啟發了。

☾ 你可以這樣善用水星能量

當水星在水象星座逆行，大家都會變得格外情緒化。請試著透過水元素來適應，與它共處。例如，你可以準備一個漂亮的高腳杯或聖杯，在裡面裝滿乾淨的水，向它傾吐因為水逆而感受到的所有擔憂，接著再把杯子裡的水倒掉（最好是倒進土裡）。

☾ 最適合這樣做……

當水逆在水象星座，最適合花時間獨處、沉思。假若你曾經因為無法處理而壓抑某些情緒，現在正是好好感受它的時機。比方說，如果你曾經歷過某些創傷，並將那段記憶封存，在這段期間，你可能會覺得自己比較有能力面對那些情緒了，這樣子傷口才不會潰爛、繼續毒害你。

☽⊙ 對哪些人最有利⋯⋯

落在水象星座的水逆，最利於太陽星座或上升星座是水象的人，其次則是土象的人。

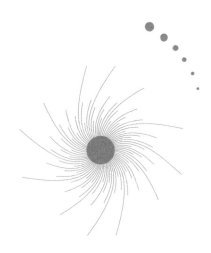

在水逆期間出生的你……

　　想確認自己是不是水逆人，現在網路資訊十分發達，建議大家可以上網查詢個人的星盤。若水星旁邊出現 ℞ 字符號，就代表水星逆行。在水逆期間出生絕非壞事，因為你很可能比其他人更能適應水逆，尤其當水星逆行的元素和你的星座一致時會更明顯。

　　假如你不擅長表達或溝通，那麼每到水逆時期，這

些情況很可能就會改善。當其他人被水逆耍得團團轉，你可能反而覺得自己的感受變敏銳了，能更有效地感知這個世界。出生在水逆期間不代表你的心思比較脆弱，其實往往正好相反。

你或許曾經因為感到難以負荷，而想要壓抑自己的思緒和直覺，或是從別人那裡得到太多負面評價，讓你懷疑自己一定是哪裡有問題。不過，這很可能是因為你的思考方式和其他人不一樣，不要覺得自己有問題，你只是需要一點時間建立信心，肯定自己的思考邏輯和想法、見解。

有些水逆人可能在思考和溝通方面碰壁，說話、寫作或是感覺被誤解。通常隨著水逆人的成長，溝通會變得比較容易，也學會透過書寫、藝術、音樂、舞蹈來表達自我。你可能也發現，自己處理資訊的方式和朋友不太一樣，不擅長把想法拼湊成語言來表達，因此，有些

人可能會覺得你是文靜、害羞的人。

如果覺得溝通很棘手，代表傳統的學習方法可能不適合你，雖然你也跌跌撞撞地一路走過來就是了。正因如此，擁有一個藝術、創意的發洩管道會是有幫助的。假如你有溝通方面的困擾，不妨試試藝術創作。

你可能比其他人更依賴直覺，喜歡慢慢做決定。對於自己的想法，或許也很難保持客觀，因為你就是沒辦法把自己抽離，從更超然的觀點切入。

一般來說，你會透過潛移默化、耳濡目染的方式來吸收見解，也容易接受別人說的話，不太會去質疑。你大概也比多數人更有能力理解抽象概念，可能是擅長反思的人，喜歡探索不同想法。

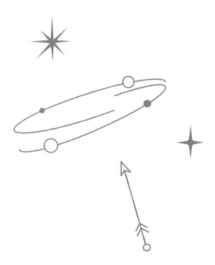

第二章

當水逆落入各星座

······· (☾ ✦ ☽) ·······

　　無論水逆落在哪個星座，都會帶來類似的影響，只是表現方式會略有不同。雖然我們在第一章列舉了水逆在火象星座會有哪些現象，但實際上落在牡羊座、獅子座，還是射手座，三者仍會有些微差異。而當水星在你的太陽星座或上升星座逆行時，帶來的影響也會比較強烈。

　　第二章的主要內容，是要分享水逆落在十二星座時各自的意義。但閱讀時，還不用考慮水逆會為個人帶來哪些不同影響，也就是說，你不需要知道行運的水星在自己個人星盤上的位置。如同第一章，第二章的資訊是適用於所有人，不管你的太陽星座或上升星座為何。

　　你只需要知道水逆正在哪一個星座就好，可以參考附錄（P258-263）。建議你也可以在記事本內標出這些日期，這樣就能提早做好準備！

······· (☾ ✦ ☽) ·······

水逆在牡羊座

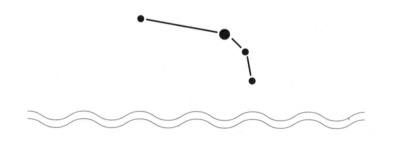

當水星在牡羊座逆行，這時可能會出現一個大好處：
得到再一次勇敢的機會。假如你曾經畏縮過，趁水星在
牡羊座逆行（這個象徵「衝動第一」的星座），這一次
你可以無所畏懼。

牡羊座代表大膽、天真的嬰兒，對他們來說，任何事物都是新奇的。所以，別太厭世，試著在日常生活中覺察世界的美好吧！

　　等到落在牡羊座的水逆結束，困擾著你的事物將變得比較明朗，你也總算能勇敢處理那些一再拖延的問題，包括告訴某人一個埋藏許久的真相。

　　不過，當水逆落在牡羊座，你會需要謹慎用字，因為這段時間很容易脫口說出心裡話。

　　牡羊座的能量通常有著非常快速的屬性，但水逆又會讓事情慢下來。於是，這段期間彷彿會有來自上天的訊息，告訴我們：「放輕鬆，我們不是在賽跑。」因此，也正是時候好好練習「說話要經過大腦」的道理，避免話說出口才後悔。

☾ 可以做的五件事：

- 三思而後行。
- 減少發言，增加傾聽。
- 找回你的無畏之心。
- 重新評估近期所做的決定。
- 多激勵自己，而非周遭的人。

☾ 要小心……

　　這段時間很容易急於下定論。有時候，我們會以為有個答案就能解決所有問題，但那也許不會是正確解答，答案甚至還可能不只一種。所以假如有人否定你，請不要大呼小叫或氣得跳腳，他們並不是針對你個人。說話時放慢一點，確保沒有人會錯意，否則可能要花很久的時間解開誤會。

總體而言，水逆在牡羊座所帶來的大部分問題，都可以透過「慢下來」化解。

☽ 水逆在牡羊座的影響

- 太陽或上升星座為牡羊，水逆會在你的第一宮。
  （見 P160）
- 太陽或上升星座為金牛，水逆會在你的第十二宮。
  （見 P230）
- 太陽或上升星座為雙子，水逆會在你的第十一宮。
  （見 P224）
- 太陽或上升星座為巨蟹，水逆會在你的第十宮。
  （見 P218）
- 太陽或上升星座為獅子，水逆會在你的第九宮。
  （見 P212）
- 太陽或上升星座為處女，水逆會在你的第八宮。
  （見 P204）

● 太陽或上升星座為天秤，水逆會在你的第七宮。
（見 P198）

● 太陽或上升星座為天蠍，水逆會在你的第六宮。
（見 P192）

● 太陽或上升星座為射手，水逆會在你的第五宮。
（見 P186）

● 太陽或上升星座為摩羯，水逆會在你的第四宮。
（見 P178）

● 太陽或上升星座為水瓶，水逆會在你的第三宮。
（見 P172）

● 太陽或上升星座為雙魚，水逆會在你的第二宮。
（見 P166）

水逆在金牛座

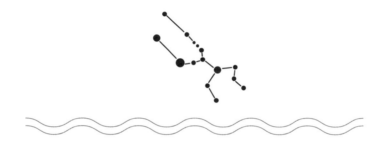

　　當水星在金牛座逆行，就是**反思對生命來說最重要事物的時候**了。假如你目前的生活方式（或賺錢方式）和自己的價值觀有所牴觸，現在就是重回軌道的最佳時機。只要你重新思考真正重要的是什麼，把它帶入生活那是輕而易舉的事。

金牛座和金錢、價值有關，所以水逆也會帶來與金錢、資產相關的第二次機會。譬如，你可能在事業上有一番願景，而現在得以將它確實地納入計畫。因此，這段時間的生活也可能變得比較物欲、重視感官享受。

☾⊙ 可以做的五件事：

- ●按摩，找回感官享受。
- ●檢視財務狀況，還清債務。
- ●記住真正重要的事。
- ●停下腳步，聞聞花香。
- ●回歸最自然的生活模式。

☾⊙ 要小心……

　　「懶惰」和「慢慢來」，這兩者雖然有所差異，但其中的界線卻很微妙。不過，多一點彈性總會對你有幫

助，所以盡量不要太僵化思考，有時候適時地讓步會比較好。

　　現在不太適合開始著手新事物，尤其是當你為了求快而跳過某些步驟的時候。記得放慢腳步，也要對他人保持耐心。

　　當水逆在金牛座，金錢問題很有可能帶來麻煩，所以請多預留一點時間來彼此協調、在最後一刻確認細節。尤其是細節，必要時把每一項問清楚，如此才能讓你免於財務危機。另外，用錢時盡量小心是好事，但千萬別太苛刻，這兩種態度是不一樣的。

　　由於金牛座和金星、愛神維納斯、肉慾感官的連結，舊情人可能會突然出現。但請記得，你們當初之所以會分手，一定有什麼原因。

☽ 水逆在金牛座的影響

- 太陽或上升星座為牡羊，水逆會在你的第二宮。
  （見 P166）
- 太陽或上升星座為金牛，水逆會在你的第一宮。
  （見 P160）
- 太陽或上升星座為雙子，水逆會在你的第十二宮。
  （見 P230）
- 太陽或上升星座為巨蟹，水逆會在你的第十一宮。
  （見 P224）
- 太陽或上升星座為獅子，水逆會在你的第十宮。
  （見 P218）
- 太陽或上升星座為處女，水逆會在你的第九宮。
  （見 P212）
- 太陽或上升星座為天秤，水逆會在你的第八宮。
  （見 P204）

- 太陽或上升星座為天蠍，水逆會在你的第七宮。
（見 P198）
- 太陽或上升星座為射手，水逆會在你的第六宮。
（見 P192）
- 太陽或上升星座為摩羯，水逆會在你的第五宮。
（見 P186）
- 太陽或上升星座為水瓶，水逆會在你的第四宮。
（見 P178）
- 太陽或上升星座為雙魚，水逆會在你的第三宮。
（見 P172）

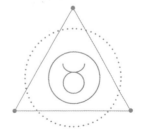

水逆在雙子座

　　現在是**回顧資訊的最佳時機**，只要有認真聽回答再問問題，都會是好事。記得慢慢說話，仔細聆聽，等到水逆結束，就能更容易看清事情的全貌。

　　反思過去的經歷，還能替現在的你指引方向。在做

出最終決定之前，可能需要反覆考慮好幾遍，但無論最後要花多久時間考慮，只要是必要的投入，你都會樂意付出的。

在雙子座的水逆會促使我們放慢腳步，同時也讓我們能將各種資訊、細節整合起來。不過，整合的過程可能會頗為耗時，得到的回應也不見得順利。另外，當下的立即性回覆通常不會是最終的答案，需要經過一些微調（很可能是因為你得到了新資訊），才能從 A 點走到 B 點。

你的身邊可能充滿著各種八卦，但這不一定是壞事。跟朋友聊聊過往、更新彼此近況，說不定也滿有趣的，多多分享自己知道的事，能讓你的世界運轉得順利一點（前提是，你必須記得有些好康的小道消息是需要保密的）。

☾ 可以做的五件事：

- 備份電腦檔案。
- 向你曾經得罪的人道歉，尤其是兄弟姊妹。
- 好好休息。
- 編輯你的草稿，不要急著往下寫。
- 重拾拖了很久沒讀的書。

☾ 要小心……

在雙子座的水逆會導致溝通上的混亂。有時候就是不知道為什麼，同樣一個字似乎多了全新的涵義，你和說話對象講的彷彿是不同語言（但其實是同一種）。你會容易誤解別人的意思，所以最好確認清楚自己聽到了什麼。另外，有些人會變得比平常更挑剔，請記得：你不需要把所有錯誤一一挑出來。

由於雙子座的主星是水星，水逆在雙子座時的能量可以說是雙倍。處理事情時，你可能會在最後一刻取消、漏掉訊息，或是發現訊息內容含糊不清，甚至家裡的汽車、電腦都出現問題。但是，暫時先不要動到你的荷包！可以的話，先別急著購買電子產品。

旅行計畫也很容易發生延誤或出現麻煩事，長途移動可能會讓你後悔。就算這樣感覺很無聊，最好還是盡量待在原處、保持原狀。不然的話，你就要做好心理準備，把陷入混亂、充滿變動的旅行當作「命中注定」。

在雙子座的水逆有時候會引出騙子，所以如果有些事物的進展聽起來美好得不太真實，那大概就不是真的。假如有人承諾「願意摘下月亮送給你」，在跟對方達成共識之前，請你先確認，對方打算給你的東西，是否只是對他而言如月亮般珍貴。

☾ 水逆在雙子座的影響

- 太陽或上升星座為牡羊，水逆會在你的第三宮。
  （見 P172）
- 太陽或上升星座為金牛，水逆會在你的第二宮。
  （見 P166）
- 太陽或上升星座為雙子，水逆會在你的第一宮。
  （見 P160）
- 太陽或上升星座為巨蟹，水逆會在你的第十二宮。
  （見 P230）
- 太陽或上升星座為獅子，水逆會在你的第十一宮。
  （見 P224）
- 太陽或上升星座為處女，水逆會在你的第十宮。
  （見 P218）
- 太陽或上升星座為天秤，水逆會在你的第九宮。
  （見 P212）

- 太陽或上升星座為天蠍，水逆會在你的第八宮。
  （見 P204）
- 太陽或上升星座為射手，水逆會在你的第七宮。
  （見 P198）
- 太陽或上升星座為摩羯，水逆會在你的第六宮。
  （見 P192）
- 太陽或上升星座為水瓶，水逆會在你的第五宮。
  （見 P186）
- 太陽或上升星座為雙魚，水逆會在你的第四宮。
  （見 P178）

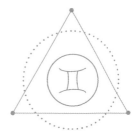

水逆在巨蟹座

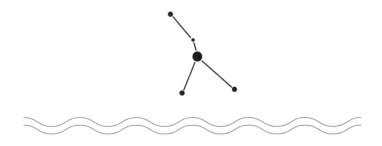

　　現在是做家事（任何一種）的好時機，不妨來一次大掃除，**讓家裡變得比平常更加閃閃發亮吧**，因為這時你會有足夠的毅力，把所有物品都刷出光澤。另外，你也可能會考慮重新裝修，或下定決心要這麼做了。翻修是沒問題，但請特別留意細節。比方說，假設你買了某

樣商品，記得要確認送來的確實是你所訂購的，而非只是一個相似的東西。

另外，這時候也適合延續與家庭相關的聯繫。如果你最近都沒和家人見面，是時候跟他們重新聯絡了，可以打電話給其中一兩位家人，僅僅如此就很就夠了，當然也可以一次做到底，張羅一場久違的派對或聚餐。你們一定能度過一段美好時光！

想要善用落在巨蟹座的水逆，最好的方法就是和你愛的人相聚，分享彼此最快樂的回憶。這個時候的水逆也會幫助你根據過去經驗，向所愛之人提出良好的建議。

☾⊙ 可以做的五件事：

- 舉辦家庭聚會，或研究族譜。
- 修繕房屋，或重新裝潢。
- 重新檢視日常飲食，並且精進廚藝。
- 調整計畫，以達成理想的家庭生活。
- 閱讀傳記、歷史書籍，或觀賞歷史劇、紀錄片。

☾⊙ 要小心……

當水星在巨蟹座逆行，我們都會變得敏感許多，容易悲觀地看待別人說的每件事。就連以前不太關心的話題，都會覺得很嚴重。如果你不想吵架，安靜離開就好。

另外，若意圖用言語來操縱人們的情緒，恐怕會適得其反。最好要聽從這個忠告，直截了當地處理事情會比較好。尤其是如果你感覺到有點困惑，或是刻意忽視

了某些與個人感受相互矛盾的事實，那就更不應該拐彎抹角。

也許此時此刻的你，家庭生活並不完美，或者正在執著於錯誤的方向，但想在這個時期做出改變並非好主意。最好是等到逆行結束再做決定，否則你很有可能會將舊的問題帶著走。

☾ 水逆在巨蟹座的影響

- 太陽或上升星座為牡羊，水逆會在你的第四宮。
  （見 P178）
- 太陽或上升星座為金牛，水逆會在你的第三宮。
  （見 P172）
- 太陽或上升星座為雙子，水逆會在你的第二宮。
  （見 P166）

- 太陽或上升星座為巨蟹，水逆會在你的第一宮。

  （見 P160）

- 太陽或上升星座為獅子，水逆會在你的第十二宮。

  （見 P230）

- 太陽或上升星座為處女，水逆會在你的第十一宮。

  （見 P224）

- 太陽或上升星座為天秤，水逆會在你的第十宮。

  （見 P218）

- 太陽或上升星座為天蠍，水逆會在你的第九宮。

  （見 P212）

- 太陽或上升星座為射手，水逆會在你的第八宮。

  （見 P204）

- 太陽或上升星座為摩羯，水逆會在你的第七宮。

  （見 P198）

- 太陽或上升星座為水瓶，水逆會在你的第六宮。

  （見 P192）

● 太陽或上升星座為雙魚，水逆會在你的第五宮。

（見 P186）

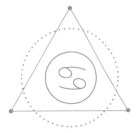

水逆在獅子座

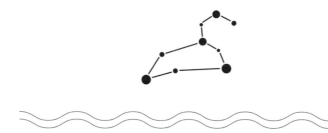

　　這是個**發揮有趣創意的好時機**，讓腦中萌芽的新點子自由奔放地引領你。不過，你無法控制周遭會發生什麼事，所以想要去「控制」是很沒有意義的。但反過來說，這段時間應該能讓人挺放鬆的，因為可以完全專注在發展創造力上，不需要去在乎別人是否給予掌聲。也

因此，這段時間很適合重啟過去被你拋在腦後、放置一旁的創作計畫。

此外，戀愛相關的議題也會急速升溫。你是否獲得對方足夠的關注？你自己又給予對方多少呢？愛人是否把你當成皇后或國王來對待？你在戀愛關係當中夠有自信嗎？如果你的生活缺少愛情，把戀愛排在前面一點的順位也很好，但過度的熱情可能讓對方感到疲憊！（當然，我說的是幸福的疲憊。）

這個時候也能問問自己，是否有耍高調、炫耀的壞習慣。要知道，這對你來說一點好處都沒有！但是，不管怎樣我們都還是需要一點信心，讓自己能在某個場合大放異彩，也可以想想如何「弄假直到成真」（fake it'til you make it）。

☽◉ 可以做的五件事：

- 試著讓自己發光發熱！如果過去的你個性非常害羞的話。
- 對某些本來就該慷慨對待的人慷慨一點。
- 將熱情轉投注於藝術創作。
- 對新的想法、享樂方式保持開放態度。
- 努力讓自己變得更寬宏大量。

☽◉ 要小心……

　　當你擁有越多的權力與責任，就越有可能對未達標準的人發脾氣，甚至還會覺得自己的理念受到了挑戰。此刻並不適合冒險，即使眼下的一切看起來都很美好，但幾個禮拜後，再看可能就沒那麼吸引人了。遇到任何看似明亮、充滿希望的情境，都請務必謹慎。

你可能對自己的才華太有信心了，導致很難承認錯誤。你的意見或許很值得讓大家知曉，但它不會是唯一的好點子。另外，這段時間也很容易落入「光說不練」的陷阱，一直談論自己想做什麼，卻沒有實際行動。如果你不斷誇耀自己辦得到某件事，總有一天會被眾人檢視，到時候就必須證明自己。請記得，水逆期間不是只有你會表現得咄咄逼人。

☾⊙ 水逆在獅子座的影響

- 太陽或上升星座為牡羊，水逆會在你的第五宮。（見 P186）
- 太陽或上升星座為金牛，水逆會在你的第四宮。（見 P178）
- 太陽或上升星座為雙子，水逆會在你的第三宮。（見 P172）

- 太陽或上升星座為巨蟹，水逆會在你的第二宮。
  （見 P166）
- 太陽或上升星座為獅子，水逆會在你的第一宮。
  （見 P160）
- 太陽或上升星座為處女，水逆會在你的第十二宮。
  （見 P230）
- 太陽或上升星座為天秤，水逆會在你的第十一宮。
  （見 P224）
- 太陽或上升星座為天蠍，水逆會在你的第十宮。
  （見 P218）
- 太陽或上升星座為射手，水逆會在你的第九宮。
  （見 P212）
- 太陽或上升星座為摩羯，水逆會在你的第八宮。
  （見 P204）
- 太陽或上升星座為水瓶，水逆會在你的第七宮。
  （見 P198）

● 太陽或上升星座為雙魚，水逆會在你的第六宮。

（見 P192）

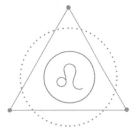

水逆在處女座

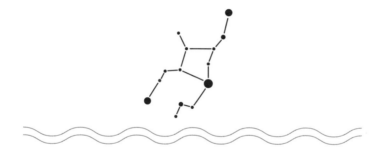

　　處女座的**勤奮**是你在水逆期間可以好好利用的。這段時間很適合做研究，或是重做一些不夠完善的事。此刻也是讓**自己變得組織化**的好時機，尤其是在職場上，譬如把文件分類整齊、將雜物清理乾淨。

如果你或你所關心之人有健康方面的困擾，現在非常適合研究各種自然、傳統醫學的療法。若你有什麼非改掉不可的傷身壞習慣，請想一個不至於太過劇烈的計畫，這樣才有辦法確實地堅持下去，並以此為基礎一步步改善。

　　處女座雖然是土象星座，但水星是它的主星，所以大家在此刻都樂於接受多元。你可以在日常生活中加入一點刺激，或是全新的想法，藉此改善各個面向。

☽ 可以做的五件事：

- 仔細檢查所有作業，把未完成的工作做好。
- 仔細檢查任何需要簽名的合約。
- 整理雜亂的環境。
- 進行健康檢查。
- 調整飲食，讓自己更健康。

☾◉ 要小心……

　　你在職場上可能會遭遇挑戰，需要做好事情延遲、設備故障、遇到同事脾氣暴躁的心理準備。強烈建議你再三確認實際情況、仔細檢查所有必要的數據。

　　當水逆落在處女座，你會自然而然地徹底思考很多事，但是也可能反覆分析得太過頭，導致來不及做決定，最後反而錯失良好的機會。因為持續長時間的沉思會讓你感到壓力，所以偶爾休息一下很必要，否則健康狀況會受到影響。

　　這段時間還必須意識到一件事：你能給的幫助是有限的。就算擁有別人沒想到的解決方案，在對方的解讀之下，你的提議很可能會被視為干擾。同樣的道理，假如有人對你伸出援手，你也可能感到不滿，覺得只有自己才是了解真正狀況的人。因此，與其對每件事情過分

挑剔，不如好好思考究竟需不需要到處開戰場，也盡量不要再去挑剔過去的事，放自己一馬，除非你真的覺得某些事還需要「修復」。

☽ 水逆在處女座的影響

- 太陽或上升星座為牡羊，水逆會在你的第六宮。
  （見 P192）
- 太陽或上升星座為金牛，水逆會在你的第五宮。
  （見 P186）
- 太陽或上升星座為雙子，水逆會在你的第四宮。
  （見 P178）
- 太陽或上升星座為巨蟹，水逆會在你的第三宮。
  （見 P172）
- 太陽或上升星座為獅子，水逆會在你的第二宮。
  （見 P166）

- 太陽或上升星座為處女，水逆會在你的第一宮。

  （見 P160）

- 太陽或上升星座為天秤，水逆會在你的第十二宮。

  （見 P230）

- 太陽或上升星座為天蠍，水逆會在你的第十一宮。

  （見 P224）

- 太陽或上升星座為射手，水逆會在你的第十宮。

  （見 P218）

- 太陽或上升星座為摩羯，水逆會在你的第九宮。

  （見 P212）

- 太陽或上升星座為水瓶，水逆會在你的第八宮。

  （見 P204）

- 太陽或上升星座為雙魚，水逆會在你的第七宮。

  （見 P198）

水逆在天秤座

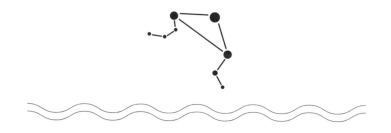

　　水逆落在天秤座的好處，就是**舊愛有機會重返你的生活**（假如這是你所渴望的情境）。你們的重逢可能是為了和解，或是真正地放下。然而，如果你是真心想讓舊情復燃，就不要只是被動地等待巧遇。水逆在天秤座時，星星的力量會全力支持你們重新聯絡。話雖如此，

還是要記得任何事都沒有百分之百的保證。

　　天秤座是十二星座中與公平正義最有關的。在這段時間，你有機會改正錯誤，或是讓事情從一開始就公平進行。

　　此外，過去的委屈、人際問題可能也會在這段時間浮上檯面。但這是可以帶有正面意義的，那些你過去不願意承認或釐清的問題，終於有機會好好處理。

　　比起逃避對話，勇敢面對可能會更容易，也更有效率一些。事實上，如果你好好傾聽親人想說的話，也許你們根本不需要經過一番爭論。只要解決分歧、修補關係，你們之間的感情可以變得更深厚。

☽ 可以做的五件事：

- 與親人一起解決過去的問題，記得要有耐心！
- 聯繫你的前任，或是與自己吵架的親朋好友，與他們重新和解。
- 原諒自己過去的錯誤，尤其是與感情或金錢相關。
- 重新協商個人或事業上的合作條款。
- 提前注意關係中可能出現的問題。

☽ 要小心⋯⋯

你可能會感覺整個世界失衡了，溝通出現問題、誤解變多，特別是在親密關係當中。可能是對某幾個字的詮釋有落差，或是對某個重要議題的意見不同，不知為何，你們就是沒有共識。但是，只要多一點耐心，一切就會變得不一樣。

不要太執著於做決策。或許你會覺得自己的心血沒有被看見、沒有被認真對待，但請記得，天秤在完成「秤重」之前，還是很可能慢慢倒向你。

當你有意維持和平，不管心裡認為對方是對還是錯，都需要和周遭的人融洽相處。但這也會導致有些人對你的判斷失去信任。因此，試著從別人的角度看事情吧，你會比較容易做出正確決定。

這段時間，人們可能比平常更加猶豫不決，包括你在內。但有些事或許並不急著要在此刻做決定。假如一段關係需要徹底檢討、改進，現在就會最好的時機。雖然你可能會很想要單打獨鬥，但若與他人聯手，勢必會感到更充實。

☾ 水逆在天秤座的影響

- 太陽或上升星座為牡羊，水逆會在你的第七宮。
  （見 P198）
- 太陽或上升星座為金牛，水逆會在你的第六宮。
  （見 P192）
- 太陽或上升星座為雙子，水逆會在你的第五宮。
  （見 P186）
- 太陽或上升星座為巨蟹，水逆會在你的第四宮。
  （見 P178）
- 太陽或上升星座為獅子，水逆會在你的第三宮。
  （見 P172）
- 太陽或上升星座為處女，水逆會在你的第二宮。
  （見 P166）
- 太陽或上升星座為天秤，水逆會在你的第一宮。
  （見 P160）

● 太陽或上升星座為天蠍，水逆會在你的第十二宮。

（見 P230）

● 太陽或上升星座為射手，水逆會在你的第十一宮。

（見 P224）

● 太陽或上升星座為摩羯，水逆會在你的第十宮。

（見 P218）

● 太陽或上升星座為水瓶，水逆會在你的第九宮。

（見 P212）

● 太陽或上升星座為雙魚，水逆會在你的第八宮。

（見 P204）

水逆在天蠍座

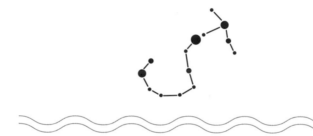

　　雖然聽起來可能不太輕鬆，但現在正是時候面對自己內心裡的惡魔，並且好好控制它。假如過去的某個事件一直困擾著你，針對那件事的處理手法就會在這時期變得更深入。譬如說，**比起檢視外在世界，探索內在會更有效率**。

和其他星座相比，天蠍座更喜歡挖掘藏在檯面底下的事物，看看有沒有哪些東西被掩蓋、粉飾了。如果你有祕密，水逆可能會讓它們被攤在陽光下。這聽起來很糟糕，但可能反而是種療癒。畢竟你竭盡全力想守住的祕密，說不定根本沒什麼大不了，沒有你自己原本想得那麼嚴重。

　　財務方面也會受到影響。這個時期適合與金錢上的夥伴關係重新談判，或是還清債務。某些被你遺忘、沒去細想的資產也可能重新浮出檯面。一段友情也好，一件衣服也罷，任何看似老舊、過時的東西，這時候都能輕鬆地煥然一新。

　　當水星在天蠍座逆行，正是克服恐懼的好時機。恐懼雖然一直阻礙著你，但只要克服了，人生就會出現很大的變化。

☾ 可以做的五件事：

- 處理過去的情緒包袱。
- 找回性感的情慾時光。
- 探索神祕、小眾的興趣。
- 關注自己的債務，思考如何分配手上資源。
- 對直覺告訴你的資訊保持開放態度。

☾ 要小心……

　　說出嚴厲、刻薄的話，通常不會是個好主意，即使你自己覺得沒關係。或許是因為水逆讓你比平常多疑、不安，才會出現這樣的情況，若是這樣的話，現在正是處理這些情緒的時候，找個人（最好是專業人士）談談這些情緒的源頭吧！

　　當水星經過天蠍座，任何欺瞞的意圖都很可能反咬

你一口。因此，試著對自己和他人都誠實，但也要記得保持友善。

盡量避免負面思考，尤其要避免先發制人的衝動，千萬不要急著斥責他人。適合辯論的好時機多的是，但絕對不是現在！暫時避談有爭議的話題才是明智的。不過，現在很適合來一場你早該進行、有深度與意義的談話，只要對話氛圍能夠保持愉快。在此刻認知到分享的意義，是很重要的。

☾ 水逆在天蠍座的影響

- 太陽或上升星座為牡羊，水逆會在你的第八宮。
  （見 P204）
- 太陽或上升星座為金牛，水逆會在你的第七宮。
  （見 P198）

● 太陽或上升星座為雙子，水逆會在你的第六宮。
（見 P192）

● 太陽或上升星座為巨蟹，水逆會在你的第五宮。
（見 P186）

● 太陽或上升星座為獅子，水逆會在你的第四宮。
（見 P178）

● 太陽或上升星座為處女，水逆會在你的第三宮。
（見 P172）

● 太陽或上升星座為天秤，水逆會在你的第二宮。
（見 P166）

● 太陽或上升星座為天蠍，水逆會在你的第一宮。
（見 P160）

● 太陽或上升星座為射手，水逆會在你的第十二宮。
（見 P230）

● 太陽或上升星座為摩羯，水逆會在你的第十一宮。
（見 P224）

● 太陽或上升星座為水瓶，水逆會在你的第十宮。
（見 P218）

● 太陽或上升星座為雙魚，水逆會在你的第九宮。
（見 P212）

水逆在射手座

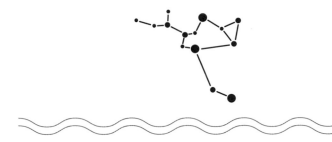

　　現在是你**再次審視人生藍圖的好機會**。如果最近的計畫變得有所停滯或無端端卡關，不妨想想會不會是你太在意細節了呢？你之所以感到心煩意亂，也許只是因為眼前這個時機還不對。

不管發生什麼事，都該趁這段時間好好挖掘自己更宏大的目標，並創造一個更美好、更上層樓的未來。同樣地，這個時期也適合訓練自己適時停下腳步，回頭看看自己走了多遠，花點時間想想自己一路以來曾經收到的祝福。

假如你夠幸運（射手座向來是個幸運的星座），你可能會發現自己倘佯在過去的歡樂回憶之中。如果你要出國，也可能是舊地重遊，並且有機會比之前更好玩。

☽⊙ 可以做的五件事：

- 回顧自己至今已走過多少的人生歷程。
- 複習或開始學一個外語。
- 搜尋進修課程的資訊（但是在水逆結束前不要急著報名）。
- 投注心力在一個更樂觀的未來前景。

● 關注事物的過程，而非目的地。

☾ 要小心……

現在不是旅行的理想時機，可以的話盡量避免，除非你是打算重訪某個地方。你還需要多點心理準備，因為旅途中的計畫或許會需要重新安排或調整，行程甚至可能被取消或延誤。換言之，留在原地應該會比較輕鬆，不然你就要有足夠的耐心和幽默感。不過，如果你的心胸足夠開放，能接受任何突如其來的變化，可能反而會很享受這趟旅行。

文化衝突可能會帶來誤解或誤會，所以你必須對他人的感受有更高的敏銳度，這一點非常重要。另外，過去的法律問題可能在這時候重新浮現，不過這次應該有辦法可以順利解決。

水逆落在射手座會激發出許多想法，但這些意見最好不要說出來。或許你會有適合自己的解答，但這套做法不見得在其他人身上奏效。要記得，並不是每件事都需要你的參與，什麼都不說可能是更聰明的決定，雖然這很難就是了。

☾ 水逆在射手座的影響

- 太陽或上升星座為牡羊，水逆會在你的第九宮。
  （見 P212）
- 太陽或上升星座為金牛，水逆會在你的第八宮。
  （見 P204）
- 太陽或上升星座為雙子，水逆會在你的第七宮。
  （見 P198）
- 太陽或上升星座為巨蟹，水逆會在你的第六宮。
  （見 P192）

● 太陽或上升星座為獅子，水逆會在你的第五宮。
（見 P186）

● 太陽或上升星座為處女，水逆會在你的第四宮。
（見 P178）

● 太陽或上升星座為天秤，水逆會在你的第三宮。
（見 P172）

● 太陽或上升星座為天蠍，水逆會在你的第二宮。
（見 P166）

● 太陽或上升星座為射手，水逆會在你的第一宮。
（見 P160）

● 太陽或上升星座為摩羯，水逆會在你的第十二。
宮（見 P230）

● 太陽或上升星座為水瓶，水逆會在你的第十一宮。
（見 P224）

● 太陽或上升星座為雙魚，水逆會在你的第十宮。
（見 P218）

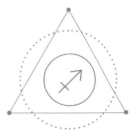

水逆在摩羯座

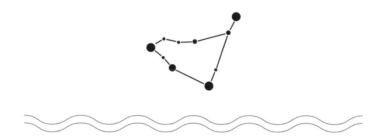

　　當水逆在摩羯座，這時很適合來思考如何達成目標。
或許你會想專注在一個目標上，並且重新鍛鍊自己。總
之，**現在正是開始計劃的時機**。你可以把目標拆解成好
幾個步驟，這樣比較實際。

職場上，如果你正在進行某項計畫，趁著還沒結束，正適合好好檢查一下。這樣是可能讓進度落後，但若能善用水逆的能量，就可以在交出成果前從頭到尾地回顧一遍。或者，假如過去有什麼半途而廢的工作，說不定現在很適合再次開始。另外，因為摩羯座與傳統的關聯，現在很適合回頭研究你的家族史，就算只是拿個照片或族譜來看也好。

☾ 可以做的五件事：

- 評估自己的職涯計畫。
- 重建某個東西，可以是實際的物品，也可以是抽象的事物。
- 檢查牙齒，若需要進一步治療，要預約在水逆結束後的時間。
- 重新投注心力在一個人生目標。
- 記得，生活比工作重要。

☾⊙ 要小心……

　　不是說你難以溝通，而是對方原本預期你會溫柔一點，卻沒想到你說出來的話並不好聽。或許你會覺得自己只是講話比較直接，對方卻可能誤解為你是在責備或下命令。

　　盡量不要扛太多責任。就算你的出發點是好的，如果想去控制別人的生活，無論成敗，都不會是他們自己的意志，甚至會搞得連你也沒法顧好自己的生活。

　　現在不是為某件事做準備的時候，因為你之後很有可能需要重做。不過，話雖如此，現在倒是很適合「重新」做準備。

　　盲目相信權威可能會導致問題產生。在水逆的影響下，你很難知道哪位專家才值得信賴。或許過去曾經覺

得某些人講話充滿智慧，但現在你可以再仔細想想是否真的如此。畢竟自己內心的聲音才是最有威信、最棒的指引。

水逆在摩羯座的影響

- 太陽或上升星座為牡羊，水逆會在你的第十宮。
  （見 P218）
- 太陽或上升星座為金牛，水逆會在你的第九宮。
  （見 P212）
- 太陽或上升星座為雙子，水逆會在你的第八宮。
  （見 P204）
- 太陽或上升星座為巨蟹，水逆會在你的第七宮。
  （見 P198）
- 太陽或上升星座為獅子，水逆會在你的第六宮。
  （見 P192）

● 太陽或上升星座為處女，水逆會在你的第五宮。
（見 P186）

● 太陽或上升星座為天秤，水逆會在你的第四宮。
（見 P178）

● 太陽或上升星座為天蠍，水逆會在你的第三宮。
（見 P172）

● 太陽或上升星座為射手，水逆會在你的第二宮。
（見 P166）

● 太陽或上升星座為摩羯，水逆會在你的第一宮。
（見 P160）

● 太陽或上升星座為水瓶，水逆會在你的第十二宮。
（見 P230）

● 太陽或上升星座為雙魚，水逆會在你的第十一宮。
（見 P224）

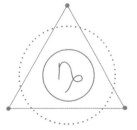

水逆在水瓶座

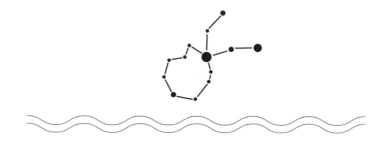

　　現在是**讓智慧成長的好時機**。拋棄那些自以為正確
的過時想法，透過更深入的探究、提問，讓自己獲知真
實的情況。你會覺得創意和新點子不斷地快速湧入，雖
然不需要急著做決定，但可以開始重新評估每件事。

水瓶座也有非常慈善、溫和的一面，所以假如你打算為人類做點貢獻，卻因為生活太忙碌而擱置，現在正是時候付諸行動。

　　這段時間，你也會變得比較理性，這在科學或金融方面是件好事，不過如果是在感情關係方面，就沒那麼理想了。

☾ 可以做的五件事：

- 重新審視自己所屬的團體，思考它們是否仍符合你的需求。
- 檢查電腦有沒有病毒或惡意程式。
- 重新檢視曾經最深切的願望，問自己是否還像以前一樣那麼想要。
- 尋找多年未見的老朋友。
- 重新開始研究占星學。

☾ 要小心……

　　過去的朋友可能再次出現在你的生命中，但是這次你得重新思考，友情對自己來說的真正意義是什麼。要特別注意朋友之間的爭吵、誤解、溝通不良，因為身邊的人或許讓你失望了，或是表現得和想像不一樣。想要善用落在水瓶座的水逆，關鍵就是（再一次）認真地和朋友把話說開、說清楚。

　　在水瓶座的水逆會讓你的思考陷入某種迴圈，想法會特別容易受到確認偏誤（confirmation bias）的影響。保持客觀、懂得欣賞不同觀點的價值，在此刻會更難做到，但也因此更為重要。

　　由於水瓶座和科技有關，電子產品可能會出問題。比如說，電腦好像故意找你麻煩似地吃掉你的檔案，或是把電子郵件發給錯的人。如果有疑慮，不妨找人檢查

一下，看看軟硬體是否還能正常運作。

　　世界會不斷變化，所以不要出於自傲地與人爭論，
也不要一直說昨天的事如何如何，這樣才是明智的做法。
想要改變世界，你需要先改變自己的想法。

☾◉ 水逆在水瓶座的影響

- 太陽或上升星座為牡羊，水逆會在你的第十一宮。
  （見 P224）
- 太陽或上升星座為金牛，水逆會在你的第十宮。
  （見 P218）
- 太陽或上升星座為雙子，水逆會在你的第九宮。
  （見 P212）
- 太陽或上升星座為巨蟹，水逆會在你的第八宮。
  （見 P204）

- 太陽或上升星座為獅子，水逆會在你的第七宮。
  （見 P198）
- 太陽或上升星座為處女，水逆會在你的第六宮。
  （見 P192）
- 太陽或上升星座為天秤，水逆會在你的第五宮。
  （見 P186）
- 太陽或上升星座為天蠍，水逆會在你的第四宮。
  （見 P178）
- 太陽或上升星座為射手，水逆會在你的第三宮。
  （見 P172）
- 太陽或上升星座為摩羯，水逆會在你的第二宮。
  （見 P166）
- 太陽或上升星座為水瓶，水逆會在你的第一宮。
  （見 P160）
- 太陽或上升星座為雙魚，水逆會在你的第十二宮。
  （見 P230）

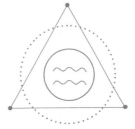

水逆在雙魚座

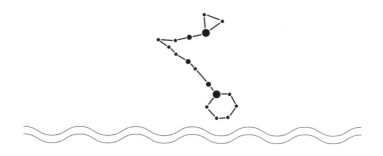

　　水星是心智之星，因此我們的**想法會隨著水星的位置變化**。當水星逆行在雙魚座時，某方面來說是可以樂觀看待的。

　　由於雙魚座是夢幻又富靈性的星座，我們在水逆時

便會花更多時間關注神祕的事物。不過，因為雙魚座本來就已經充滿迷霧，如果再碰上了水逆，情況恐怕會更加劇烈！

我們可以花時間在不需理性思考的活動上，像是園藝、繪畫、音樂，這些都能為你帶來精神空間，讓你釐清自己的感受。這段時間，除了藝術能力會提升，也很適合重新審視任何擱置的計畫。如果有曾被你放棄的夢想，給自己一點時間重新開始吧！尤其是需要創意、帶點神祕，或跟音樂、藝術有關的計畫。

☾⊙ 可以做的五件事：

- 重新開始冥想，如果你曾經中斷的話。
- 聆聽自己多年前喜愛的音樂。
- 重新思考自己對於各種事務的底線。
- 重新發掘自己溫和、富同情心的一面。

● 重讀喜歡的書、重看喜歡的電影，或單純沉浸在白
  日夢中。

☾ 要小心……

由於頭腦混亂，你會很容易被巧舌如簧的人說服，
輕易買下他們想要銷售的商品。面對這個情況，就直接
接受自己容易上當的事實吧，等過一陣子、思緒清楚一
些後再買東西。

你的思考因為被引導到了雙魚座的領域，分辨事實
與虛假可能會變得很難。最重要的原則是，事情並不會
永遠像你表面看到的那樣，請放輕鬆，好好享受生活。

另外，雙魚座也和不健康行為、甚至成癮有關，這
些都是逃離生活壓力或沉悶日常的管道。若你覺得自己
有些不太理想的紓解方式，不妨想想有沒有積極改變的

可能，也能順帶壯大自己的想像力和心靈。

　　如夢似幻的感覺，意味著你可能連續好幾個小時處於失神狀態，比如，討論的話題飄到了陌生領域，記憶也完全不可靠。你可能會很想要逃離這個世界躲起來，如果你真的想這麼做，而且也有辦法做到的話，那就放膽去吧！

☾ 水逆在雙魚座的影響

- 太陽或上升星座為牡羊，水逆會在你的第十二宮。（見 P230）
- 太陽或上升星座為金牛，水逆會在你的第十一宮。（見 P224）
- 太陽或上升星座為雙子，水逆會在你的第十宮。（見 P218）

- 太陽或上升星座為巨蟹，水逆會在你的第九宮。
  （見 P212）
- 太陽或上升星座為獅子，水逆會在你的第八宮。
  （見 P204）
- 太陽或上升星座為處女，水逆會在你的第七宮。
  （見 P198）
- 太陽或上升星座為天秤，水逆會在你的第六宮。
  （見 P192）
- 太陽或上升星座為天蠍，水逆會在你的第五宮。
  （見 P186）
- 太陽或上升星座為射手，水逆會在你的第四宮。
  （見 P178）
- 太陽或上升星座為摩羯，水逆會在你的第三宮。
  （見 P172）
- 太陽或上升星座為水瓶，水逆會在你的第二宮。
  （見 P166）

●太陽或上升星座為雙魚，水逆會在你的第一宮。
（見 P160）

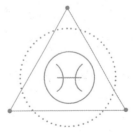

第三章

当水逆落入各宫位

$\cdots\cdots\cdots$ ❨❨ ✦ ❩❩ $\cdots\cdots\cdots$

　　水星在特定星座逆行，影響的是能量如何表現。如果想了解水逆對你個人的影響，就必須先知道水星正在自己星盤上的哪一宮逆行。宮位能解釋為何生活中的某個面向在水逆時受到了最強烈的影響。雖然感覺好像很複雜，但只要深入了解宮位，就能得到更深刻的見解，絕對值得好好研究一番！

　　如果你已經排過自己的星盤，那就可以直接看水逆落在哪個宮位。或者，你也可以從自己的太陽或上升星座判斷，只要能夠知道自己的上升星座，便能夠判讀得更精準。

$\cdots\cdots\cdots$ ❨❨ ✦ ❩❩ $\cdots\cdots\cdots$

上升星座為什麼重要？

　　伴隨著科技的發展、媒體宣傳，越來越多人知道自己的上升星座。知道上升星座對於了解水逆的影響非常重要，原因在於：

　　星座（即占星師所說的太陽星座）很有趣，但一般只用在星座運勢上，畢竟這部分很好理解，也是普羅大眾都知道的。每年太陽移動到十二個星座的日期區間都

差不多，所以，打個比方，大家都知道四月十四日出生的人是牡羊座，九月一日出生的是處女座，而十一月八日出生的是天蠍座。可是多數人並不清楚自己的上升星座是什麼，因此很多人一般只關注他們的太陽星座。

不過，上升星座其實是星盤上最個人化的一個位置，也是通往整個星盤的入口。星盤共分成十二區塊（即十二宮位），宮位是從上升星座為啟始點（若沒有經過專業的占星學訓練，這可能會有點難以理解）。總之，上升星座很重要。

如果你只關注太陽星座，得到的資訊只能算是大方向。但若與上升星座搭配，就會變得比較像占星專家給你一對一的專門服務，得到的解讀會更加準確。

首先要做的事，是利用附錄的表格（見 P258-263）找出水星正在哪個星座逆行。然後閱讀第二章，了解落

在各星座的水逆所代表意義，並根據太陽星座或上升星座，找到該次水逆會在自己星盤上的哪個宮位（請記得，上升星座能更準確地告訴你需要注意什麼）。

宇宙附贈的禮物

如果你原本就重視心靈層面，那麼無論水逆占據哪個宮位，你都有機會可以進一步連結水逆能量，也許是透過自我肯定、使用特定的精油，又或是召喚某位女神、大天使。

使用宇宙附贈的禮物是一個簡單、實際的做法，幫助你更正面地調和能量。若想要善用水逆，接收宇宙要傳遞給你的任何訊息，我們會建議：

- 在水逆期間重複朗誦自我肯定的宣言。
- 在擴香器或浴缸裡加入特定精油。

● 借助大天使或女神的力量。你可以從網路上找出祂們的照片，印下來放在家裡的小祭壇，或是直接把照片設定成手機鎖定畫面、電腦桌布。你可以和大天使或女神的照片說說話，告訴祂們自己正在經歷的困境，請求祂們在你的旅途上給予幫助和指引。

水逆在第一宮

　　這段時期，你的形象、聲響，還有他人對你的看法，都可能會變得混亂。現在也正是時候做些重要但膚淺的改變，比如重新檢視自己的外型。就算你對自己現在的模樣很滿意，覺得只是別人不懂你的美，但這時或許是時候考慮改變一下？又或者，可以問問自己是否還戴著過去那個自我防衛的面具。如果是的話，那個表面形象還適用嗎？需不需要更新一下呢？

當水星在你的第一宮（本命宮）逆行，意味著這時期的麻煩會一個接著一個來，充斥眼前的生活。有些人會覺得，旁人比平常更難理解自己的意思，或是自己寫的東西，每行至少會出現一處文法、拼字錯誤。不過，這只是需要付出的一點小代價，因為在這段期間，你將能重新評估過去的生活，有機會思考自己是否捨得那些已拋下的事物，並決定接下來要往哪裡去。

☾ 總而言之

這會是超級劇烈的一次水逆，因為第一宮在星盤上代表的是與「個人」緊密連結，它掌管著你在世界上給人怎樣的印象。因此，當水逆落在第一宮，正是時候好好思考自己想呈現的外在形象是什麼模樣，並且在必要時做出改變。

☾ 可以做的五件事

- 不急著做決定。
- 重新檢視自己的形象，有必要的話就改變吧！
- 列出你想完成的事。
- 慢下來，先思考再說話。
- 改造你的商業名片、網站，或任何對外展現形象的事物。

☾ 有利的一面

你可以徹底改變形象，或是說，至少決定自己想要變成什麼樣子。只不過，在水逆結束前，還是不建議你直接把頭髮剪短，或是把衣櫃裡的服裝全部捐出去。但第一宮的水逆是你可以做出重大改變的時機，尤其是一些早該這麼做的事。

☽ 要小心……

　　你可能會被文字擺一道，或是沒辦法如願地表達自己。甚至，你會針對同一件事反覆起爭執，雖然你努力想把事情導正，但是原地打轉只會讓自己筋疲力盡，倉促說出口的話可能會造成大傷害。另外，也要注意肢體語言，你的動作可能會傳遞混亂的訊息。

　　注意，不要太快評斷一件事，因為你可能還沒掌握到所有事實，或者尚未了解全部狀況。長遠來看，先忍住別出手才能讓你輕鬆一點，雖然這會挑戰你的脾氣和耐心就是了。

☽ 宇宙附贈的禮物

　　三大自我喊話：這些自我喊話能幫助你善用位於第一宮的水逆能量。方法是，從中挑選一句整天複誦，再

選出一句反覆執行，將第三句奉為行動圭臬，如此一直
重複。

　　✕ 我正在進步！
　　✕ 耐心是美德。
　　✕ 我三思而後行。

精油：當歸
女神：雅典娜（Athena），主司智慧與藝術，同時也
是軍事女神
大天使：亞列爾（Ariel），喜愛戶外活動的天使

☾ 水逆之後

　　水逆結束之後，水星向前順行移動，能量恢復正常，
從現在開始事情不再那麼複雜了，而且至少能維持一陣
子。假如你最近的生活混亂到難以置信的地步，大概就

是因為水星正在第一宮逆行，它就像在對你惡作劇，把你的生活弄得烏煙瘴氣。而當水星轉回順行，雖然可以預期會有最後一波混亂（至少要接受這是有可能發生的），但在那之後，就會是平順地航行了。溝通不良、意外插曲都比較不會發生，猶豫不決、不斷往返的情況更會大幅減少。

水逆在第二宮

　　這個時期，你可能會重新思考關於現金流或資產的問題，也會再重新思考自尊、真正看中的事物。現在正是時候思考，對你的人生來說什麼才是重要的。這聽起來是個大哉問（實際上也是），但我們通常很難有機會針對這個議題認真地反思、調整。所以，什麼才是重要的呢？你現在的生活模式以及你所相信的重要事物，兩者之間有沒有互相矛盾？另外，如果你最近對自己的看

法有些負面，這次的水逆也會讓你對自己有重新的認知！只要給自己高一點的評價，財源也會跟著來，意即吸引力法則。畫地自限對你並沒有什麼好處。

第二宮和金錢、財產、資產有關，若你要簽訂任何與金錢有關的合約，千萬要小心，因為相關事物可能會出現紊亂。但是想得樂觀一點，現在也是時候重新審視自己的金融規劃，別人欠你的錢可能終於還清了。如果你打算買賣房產，在做出重大決定之前，最好先收集必要資訊。

◖◗ 總而言之

你有機會重做某件事，尤其是涉及金錢、銀行業務、第三方支付、加密貨幣等金融資產相關的事物。這會是一段很棒的時間，讓水逆教會我們金錢和自尊心之間的強烈聯繫，這是非常重要的課題。請記得，金錢就是一

種能量，你可以重新想想自己的金錢觀。你想賺多少錢？
你有資格賺到那個數字嗎？這些都是思考的關鍵。該屬
於你的錢，或許終於能進到你的荷包裡。

☾ 可以做的五件事

- 根據自己的才能和價值，尋找賺錢的新管道。
- 問問自己，持有的物品中有沒有需要維修、改造、
  更換或捐出去的。
- 繳清逾期帳單（但要先檢查有沒有錯誤）。
- 開立儲蓄或退休金帳戶。
- 列出你最看重的事物，並根據這份清單改變自己的
  行為。

☾ 有利的一面

現在正是時候重新審視一直未能解決的財務問題。

也許有個更好的銀行值得轉過去、某張信用卡的利率更低，又或者，你可以調整繳費日期，改在某個更方便的時間付清帳單。花點時間回顧自己都怎麼處理金錢，或許反而能替你省下一筆小錢。如果你夠幸運，之前賺的錢有機會在這時候入帳（這筆錢說不定還是上一次水逆期間賺到的）。

☾ 要小心……

你需要密切關注自己的財務狀況，包括那些你認為已經解決的問題。比如說，預定入帳的款項有可能延遲，可能會有突如其來的開銷，或是忽略預算中的某個項目，以至於計算出錯。唯一能確定的是，既然水星在你的第二宮，就可能為金流帶來麻煩，提早準備一些緊急預備金會很有幫助。

如果你在水逆期間缺乏信心，或是對自己感到不確

定，原因有可能是「一直堅持某個不再需要的事物」。倘若已經無法為你帶來安全感和快樂，就代表這些東西已經不適合現在的你，是時候找其他東西取代或該斷然放手了。

☾ 宇宙附贈的禮物

三大自我喊話：這些自我喊話能幫助你善用位於第二宮的水逆能量。方法是，從中挑選一句整天複誦，再選出一句反覆執行，將第三句奉為行動圭臬，如此一直重複。

✕ 現在是時候重新檢視我的財務規劃。

✕ 欠我的錢終於回來了。

✕ 我比自己想像的更有價值。

精油：依蘭依蘭

女神：阿布恩丹提亞（Abundantia），象徵繁榮的女神

大天使：夏彌爾（Chamuel），愛的天使

☾ 水逆之後

　　水逆之後，水星向前順行移動，能量恢復正常，財務上的混亂應該會得到一些緩解。如果你感覺在金錢、財產的領域「進兩步，退一步」，那都是因為水星在第二宮逆行。隨著水星回復順行，可以預期在最後一波金錢方面的混亂之後，你的財務就會變得比較平順了，處理金錢時的煩人狀況會減少，買賣時也不會再遇到那麼多怪事。

水逆在第三宮

　　第三宮和溝通、兄弟姊妹、鄰近社區、短期旅行有關。當水星在此逆行，你能預期自己會在上述領域有一番反覆思考，比如說，你可能會跟某位手足一起解決問題，或是收回自己說過的話。假如你有好一陣子沒去備份電腦檔案和相片，現在正是理想的時機。當然，如果你原本就有備份檔案的習慣，就不用煩惱資料會遺失，但請記得，水星是星盤上的魔術師，萬一你沒有備份的

話，可能將有意外發生。

事實上，這次水逆對你來說或許會很強烈，因為象徵溝通的水星正好落在也象徵溝通的第三宮，只能用「雪上加霜」來形容。電話漏接、手機不見、將電子郵件或訊息傳給錯的人、旅行計畫或約會搞砸了⋯⋯這些都有可能發生。不過，你也因此有機會重新思考生命中的重要議題（若你要簽合約，請確定雙方並非雞同鴨講）。

☾ 總而言之

所有的判斷都來自第三宮，因此，當水星在第三宮逆行，代表你的想法是可以改變的。更重要的是，由於第三宮是你與他人連結、交談、交換意見的宮位，所以在第三宮的水逆不只會帶來溝通混亂，也能讓你和失聯已久的人重新聯絡上。

☾ 可以做的五件事

● 備份電腦檔案，檢查是否有電腦病毒或惡意程式。

● 重新與兄弟姊妹聯繫。

● 保養你的車，但要有保險，以免發生問題。

● 定時幫手機充電。

● 善用記事本，這段時間很容易忘記約好的日期。

☾ 有利的一面

　　現在很適合重啟對話、重拾過去的寫作計畫，或是安排和兄弟姊妹、鄰居聚會。如果你們之間有什麼懸而未決的問題，是時候處理它們了。水逆在第三宮代表有機會說出想說的話（也會是你希望自己早該說出來的），尤其當這些話是你出於善意，只是錯過說出口的時機時，會特別有效果。

另外，你可能會在生活周遭發現過去從未注意到的事物，這些都能帶給你啟發，讓你知道接下來該做什麼。

☾⊙ 要小心……

溝通不順時真的會讓人洩氣，尤其是當以下情境同時發生時：手機突然沒電、不小心按到「回覆所有人」，都容易出現難以想像的誤會。除此之外，在你因為溝通不順而忍不住動怒前，請確認自己真的了解對方的觀點，也不要做出無法兌現的承諾。

水逆也會影響所有短期旅行和交通方式。如果你在開車，請注意速限，不要隨意把車停在不該停的地方。需要長途開車前，請檢查油箱和水箱，確保油有加滿。若你依賴大眾運輸，這時候購買的票價很可能會遠比平常來得高，還要有遇上班次延誤或取消的心理準備。

此外，科技在這個時刻似乎和你是相剋的，裝置故障的問題好像都出在你身上。但別煩惱，這不是針對你個人。做個深呼吸，再試一次那個無法運作的裝置。不過，如果是錯的按鈕，不管你按得再怎麼頻繁、大力，都不會有用的喔！

☾ 宇宙附贈的禮物

三大自我喊話：這些自我喊話能幫助你善用位於第三宮的水逆能量。方法是，從中挑選一句整天複誦，再選出一句反覆執行，將第三句奉為行動圭桌，如此一直重複。

　　✕ 我可以接受重複討論同一件事。

　　✕ 道歉永遠不嫌晚。

　　✕ 我很有耐心，也相信會有第二次機會。

精油：香檸檬

女神：娑羅室伐底（Saraswati），智慧女神

大天使：薩基爾（Zadkiel），寬恕天使

☾⊙ 水逆之後

　　當落在第三宮的水星轉回順行，你會思考得更深入、周到。因為第三宮與溝通、鄰居、兄弟姊妹有關，所以很容易在其中的領域上遇到問題。當水星回復順行，可能會發生最後一次轉折，然後一切就會恢復平靜。別人會比較容易接收到你的想法，你也會比較少收到意思不清不楚的訊息。另外，由於跟鄰居、兄弟姊妹之間的不愉快都可以順利解決，整體而言，在生活上的各方面都會變得比較單純。

水逆在第四宮

　　當水逆正在你的第四宮，任何與家庭有關的議題都不會有定局，甚至可能出現混亂、延誤，或是過去的事被莫名其妙爆料出來。比方說，某個在過去對你來說很重要的人在談話中被不經意地提起，無論你想不想知道，就是突然被告知他們的近況。又或者，在打掃家裡的時候（或裝修、搬家等），發現了過去的某樣東西，讓你沉浸在回憶的長廊。

曾經發生的家庭問題也可能再次浮現，但這次會有機會解決，所以不需要有壓力，也不必逼自己馬上做決定。如果你不太滿意家裡的擺設，現在正是重新調整的理想時機。有些人可能會面臨抉擇的重大關頭，猶豫該不該搬離住處，有些人則是有機會重訪他們過去當作家的地方。

☾ 總而言之

　　第四宮是關於家和家庭的宮位，包括在哪裡能得到歸屬感，哪些人對你而言就像家人一樣。所以，當水星在第四宮逆行，這些家庭議題可能會遭遇「重擊」，讓你混亂或覺得奇怪。但理想情況是，我們會花比平常多一點的時間處理這些問題，然後解決它們。如果家人間有不愉快，甚至有傷痕需要修復，你可以期望在這次的水逆獲得彌補。

☾ 可以做的五件事

- 重新聯繫家人。
- 重新布置或整修住家。
- 研究家族史。
- 任何與家有關的協議都要用書面記錄，否則可能會
  需要二次談判。
- 與過去和解。

☾ 有利的一面

　　雖然此刻的你可能在考慮是否搬家，但最好避免倉
促做決定，先針對現有的選項好好研究。比較重大的整
修計畫也是一樣的道理，不要急著決定，但小規模的動
工就沒關係，尤其是之前的裝修是在前一次水逆期間完
成的話。

這段時間適合擬訂任何與家庭有關的計畫。如果你覺得生活一成不變，或者家裡總是死氣沉沉的，這時候，換一批家具可能會為你帶來新氣象。

　　現在是「回家」或重返過去的好時機。因為第四宮象徵子宮，猶如個人星盤裡的地下儲藏室。你的過去、那些被藏起來的事物，都存放在這個生命的地下倉庫裡（這也是為什麼家人會在這一宮，因為他們了解你的過去，也參與形塑了你這個人）。

　　第四宮也和直覺、安全感有關。一般來說，父母，尤其是爸爸，被稱為第四宮的代表人物。第四宮的水逆會給你更多時間重新思考、檢視，甚至重新連結和第四宮相關的人事物。

☾⊙ 要小心……

　　各種千奇百怪的家庭小問題都可能出現，有些還不見得是新的問題，只是它們變顯眼了。請注意，現在的小水滴有可能積累成將來的大洪水，所以花點時間把家裡該修的小地方全部處理好吧。

　　你的家人有可能重提某件往事，即使你以為那件事早已塵埃落定。不過，因為現在的你比過往更加成熟、有智慧，所以看法會截然不同，可能可以從中獲得不少新資訊。假若不是，那你的家人很可能只是在反覆抱怨一樣的事。但請盡量不要輕易批評，因為如果這件事在很久以前就發生過，那就說明了你有消極的壞習慣，請試著重新審視問題。

☾ 宇宙附贈的禮物

　　三大自我喊話：這些自我喊話能幫助你善用位於第四宮的水逆能量。方法是，從中挑選一句整天複誦，再選出一句反覆執行，將第三句奉為行動圭臬，如此一直重複。

　　✕ 對家人／室友的不滿，正是我們和好的機會。

　　✕ 只有在回頭看的時候，才會發現自己走了多遠。

　　✕ 現在正是時候重新整理自己的家。

精油：廣藿香

女神：黛安娜（Diana），巫術女神

大天使：加百列（Gabriel），家庭天使

☾ 水逆之後

　　因為水星在第四宮逆行，所以家庭、家人、家務事會一直是需要關注的焦點。水逆可能讓某些人回到他們曾經的家，也可能讓某些人的家庭生活混亂到難以置信的地步。

　　當水逆結束，你和同住情人、配偶或室友間的誤會就會逐漸停止，甚至連父母都能開始理解你。當水星正式恢復順行，你可以預期雖然會有最後一波混亂，家庭生活、家人依然會在你的思緒中占有一席之地，但在那之後，混亂、惱火的情況會大幅減少。

水逆在第五宮

　　當水逆在第五宮時，你會有機會重新思考與下列元素相關的議題：孩童、創意、戀情，所以，假如在以上領域碰到延誤、混亂的情況，請不要驚慌。比方說，也許你的伴侶想要小孩，但你還不太確定（或是相反情形），那麼現在就是討論這個議題的時候了。或者，你或你的伴侶中有人得帶著與前任有關係的孩子，如此就會有些問題要處理，也有可能是你正重新思考一段戀愛

關係。但無論如何，這些事的思考都很重要！

在創意方面，有可能是你正進行某個計畫到一半，不太確定應該按照原訂的方向重做一遍，還是徹底捨棄、全部從頭來過（請注意，不要急著做決定）。至於戀情方面，則可能是你和伴侶沒有達成彼此的要求。

☽ 總而言之

第五宮是孩童、創意、戀情的宮位，因此是星盤上比較有趣的一宮。它不僅代表放鬆時間，也代表調情和美好時光，會影響你這個人輕鬆愉快的一面，包括週末規劃。第五宮還是表達自己，甚至是勇於冒險的宮位。因此，當水星在此逆行，剛剛提到的領域都可能變得有點令人費解。

☾ 可以做的五件事

- 重拾過去的愛好。
- 寵愛你心裡的內在小孩，玩場遊戲。
- 多花點時間陪伴小孩。
- 重新燃起和現任情人之間的火花。
- 溫習你的調情技巧。

☾ 有利的一面

你可能會比平時更受歡迎，還能在不同邀約中進行挑選。另外，你也可以重新嘗試那些過去習慣、後來被你遺忘的玩樂方式。

你可能還會得知舊愛的消息。重新聯繫上對方並不是壞事，但請記得，當初一定是有什麼原因，對方才會變成前任。這個時候，你終於可以看到自己走了多遠。

又或者，你可能會在一段厭倦的關係中重新製造浪漫。

總體而言，你會看到各種展現自我創造力的方式，因此，現在也正適合好好探索自己喜歡玩樂的那一面。

☾ ◉ 要小心……

或許是因為信心受到了打擊，你可能會覺得缺乏創意的能量，而你喜歡的事物也可能變得沒那麼吸引人。但請記得，有些事情本來就需要時間醞釀，稍微放慢腳步，盡量避免倉促行事。你不需要和他人比較，試著不要經常批評。

假如要在這時候展開一段新戀情，後續發展或許會滿奇妙的。畢竟水星恢復順行之後，事情還是有可能會發生變化，所以即使你確實認識了新朋友，一開始最好還是放寬心。尤其約會在這時候特別容易出狀況，像是

無人接電話、有人遲到、臨時取消。要小心和愛人之間的爭執可能被小題大作。你可能會覺得一切都結束了，覺得這是段徹底失敗的感情，但說不定，是你有一點點太過戲劇化了。

☾◉ 宇宙附贈的禮物

　　三大自我喊話：這些自我喊話能幫助你善用位於第五宮的水逆能量。方法是，從中挑選一句整天複誦，再選出一句反覆執行，將第三句奉為行動圭臬，如此一直重複。

　　✕ 我正在重新與內在小孩建立連結。
　　✕ 過去找樂子的老方式又重回流行。
　　✕ 我正在重新探索自己有創意的那一面。

精油：肉桂

女神：美杜莎（Medusa），太陽女神

大天使：拉結爾（Raziel），神祕學的導師

☾ 水逆之後

　　如果你不斷地對生活、戀愛、孩子、創意產生疑問，在上述領域始終處於「不上不下」的狀態，就是因為水星正在第五宮逆行，這也是星象能給你的解釋。當水星改變方向、恢復順行，可以預期上述領域會有最後一波混亂，但在那之後，就會開始了解某些事情帶給你的真正意義。

水逆在第六宮

　　你將重新思考自己的工作和健康習慣，這些領域也可能出現混亂。如果在這時候發現舊疾復發，不要驚慌，就當作是個根治的好機會。水逆期間，我們偶爾能以某種方式，結束某件在上一次水逆開始發展的事。因此，假如你有什麼健康問題，也是在之前的水逆期間首次出現，那在接下來的幾個星期裡，你將有機會徹底解決它。

你的健身計畫一直是「三天打魚、兩天曬網」嗎？這次的水逆會幫助你，所以重新開始認真健身吧！至少在下一次的水逆來臨前，你應該不需太費力就能維持健身習慣。而工作方面，水逆會讓你有機會針對日常職責重新作協商，因此，可以思考看看自己想改變什麼。

☾ 總而言之

第六宮是我們每天從事勞動、賺錢維生的宮位，也是為他人服務、履行職場義務的宮位。在星盤上，它代表著「維持基礎的低度運作」，著重實際面，而非令人嚮往的刺激面。因此，也會反映你是否有好好照顧自己的身體，如果你有個懂得使用一點膏藥、藥水或能量療法的心靈治療師就更好。另外，寵物也在第六宮，當水星在第六宮逆行，上述議題都可能會需要重新考量。

☾⊙ 可以做的五件事

- 將飲食調整得更健康。
- 重新思考你每天早晚的例行公事。
- 重新開始運動。
- 替自己或寵物安排健康檢查。
- 和同事重新建立關係。

☾⊙ 有利的一面

你肯定會被要求要重新審視自己照顧身體的方式，也許是需要更健康的飲食，或是增加、改變正在做的運動（前提是你有在運動）。你也可以從條列飲食清單開始，記錄自己每天吃的東西，就會明白哪裡需要改變。

現在也是重新整理職場環境、辦公室、書桌的絕佳時機。事實上，任何與日常工作相關的事物，此時都有

機會讓你重新檢視。如果覺得目前的例行公事不太適合自己，那就是時候要做些什麼了。

☾◉ 要小心……

雖然日常的例行公事撐起了我們每天的生活，但因為都是預期之內的事，所以也相對乏味，你可能覺得自己的行程好像完全消失、不再存在，因此多一點彈性會有所幫助。

建議你想想自己是不是太久沒做健康檢查，舊疾復發的機率提高了。只是，現階段的檢查結果可能還給不出定論，但在這段期間，也有可能是某個身體的老毛病終於治好了。

工作上有可能會遇到問題，比如和同事起衝突、錯過截止期限，或是因為莫名其妙的失誤而必須重做檔案。

當然，重新思考自己和職務的適配度無傷大雅，但要記得不要過早下決定。不管發生多糟糕的事情，都要提醒自己這只是暫時的現象。現在還不適合立即華麗地轉身、辭掉工作，即使這個決定從長遠看來可能是正確的選擇。

☾ 宇宙附贈的禮物

三大自我喊話：這些自我喊話能幫助你善用位於第六宮的水逆能量。方法是，從中挑選一句整天複誦，再選出一句反覆執行，將第三句奉為行動圭臬，如此一直重複。

✕ 我正在重新思考每天早晚的例行公事。

✕ 我正在恢復自己的健康。

✕ 我正在重新調整我的工作職責，並思考自己該如何行事。

精油：茶樹

女神：克瑞斯（Ceres），豐饒女神

大天使：梅塔特隆（Metatron），能量淨化者

☾ 水逆之後

假如日常生活讓你過得七上八下，那麼逆行的結束對你來說會是個好消息。因為水星在第六宮逆行，你可能覺得自己在日常生活或是健康方面，一直處於「進兩步，退一步」的狀態。另一方面，如果你趁著過去幾週重新調整自己的日常職責，或是重拾過去因為偷懶而放掉的健康習慣，那恭喜你，你已經充分善用這次的水逆了。當水星改變方向、恢復順行，雖然可能還是會有一點怪事發生，但在那之後，日常生活就不會再有那麼多不確定了。

水逆在第七宮

第七宮代表著你最重要的人際關係，包括過去、現在、未來。但容我提醒一下：這部分也和你的敵人有關。當水星在這一宮逆行，你會重新思考自己的感情生活，人際關係的相關領域可能會出現混亂。對有些人來說，最明顯的就是前任情人再次出現。當然，這可能是復合的機會，但也可能是個契機，讓你更加明白為什麼你們會分開，並讓你決心繼續往前走。

如果是剛在一起的情侶，那就要格外小心，別讓小小的誤會阻礙了萌芽中的愛情。另外，所有情侶都應該留意，舉凡聯絡不上、令人費解的溝通、電子郵件或訊息傳送不成功等，這些情況會比平常更可能發生，請隨機應變。

☾ 總而言之

你會在第七宮找到你的下降星座（或「婚姻尖軸」），因為這一宮和「重要他人」有關，即生命中與你關係緊密的人。這可以指你的愛人、前任，也可以是最好的朋友、商業夥伴、上司等，任何你的「貴人」，甚至是雖然占有一席之地，卻更像競爭對手的角色。因此，水逆在第七宮時會理所當然地給各種關係帶來混亂，像是突然出現的前任。

☾⊙ 可以做的五件事

- 與敵人或競爭對手言歸於好。
- 聯絡好一陣子沒交談的老朋友。
- 針對合夥關係重新協商。
- 與前任和解（或好好結束）。
- 努力達成各種人際關係的平衡。

☾⊙ 有利的一面

在職場上，現在是尋找新客戶的好時機，因為他們很可能會向你買東西，也更有機會幫忙對外推薦。如果你前陣子和某人分開（尤其是在前次水逆期間分開的），或是需要和老夥伴重新聯繫、與敵人和解、重新投入某事，無論是為了和解，還是為了好好結束，現在都是絕佳時刻。這些機會甚至可能會在你的生活中突然「冒出來」。

☾◉ 要小心⋯⋯

在最親密的關係當中，可能會有一些事需要重新協商。雖然有些事情從來不需多說，隨著時間推移就能自然地達成共識，為雙方所接受。但現在是時候處理那些沒有明說的共識，確認一下是不是你們真的想要的。

另一種情況是，你以為已經解決、塵埃落定的老問題可能再次浮現，而且這次恐怕不得不保持沉默。當然，有時候表達不同意見是好事，也能加深你們對彼此的了解。但在現在這個時刻，溝通方面很容易出問題，要小心發生誤會。

水逆落在第七宮期間所展開的新戀情，都可能會變得有點混亂、分分合合、難以預料。現在有可能不適合結婚，這取決於你的星盤。但也有例外，比方說，你們兩人是在水逆期間相遇的。如果你很擔心，可以考慮找

占星專家幫忙，畢竟水逆期間在一起、維持長久關係的伴侶確實存在！假如你非簽訂什麼合約不可，記得要確保自己已仔細檢查文件上的每個小字。

☾⊙ 宇宙附贈的禮物

　　三大自我喊話：這些自我喊話能幫助你善用位於第七宮的水逆能量。方法是，從中挑選一句整天複誦，再選出一句反覆執行，將第三句奉為行動圭臬，如此一直重複。

　　✕ 過去的戀情形塑我現在的感情生活，下一步呢？
　　✕ 我夠愛自己，所以和任何人都能把不滿說開。
　　✕ 我會永遠和我愛的人緊密連結，他們對我也是同樣如此。

精油：茉莉

女神：樂濕彌（Lakshmi），掌管愛、財富、美的女神

大天使：約菲爾（Jophiel），美的天使

☾ 水逆之後

　　你的感情生活可能會受到影響，因為水星在代表關係的第七宮逆行，也就是你的「戀愛宮位」。如果你一直覺得自己的感情生活很荒謬，比方說，和另一半不斷漏接對方的來電，誤會一個接一個發生，或者你們的頻率就是對不起來，大概就是這原因。

　　隨著水星改變方向、恢復順行，雖然還是會有一點點陌生感，但接下來，你的感情生活會變得合理許多，相關的混亂、瘋狂都會大幅減少。

水逆在第八宮

　　現在是時候再次考慮要和誰「發生關係」，無論是性方面還是金錢方面！

　　當水星在第八宮逆行，任何關於性、合資、親密關係的事都會需要辯論一番。合資領域包括你的薪水、信用卡、借貸，只要是和別人綁在一起的金錢都算。第八宮也可以是你和另一個人結合的宮位，包括過去的、現

在的。當水逆在這一宮逆行，你將會重新思考上面提到的任何一個課題。比如說，假設你曾經吸引到「錯的人」，問問自己可能的原因是什麼？會不會是因為你也有某些同樣的特質，才會受到那些人吸引，只是你不願意承認？

由於上述領域可能會出現混亂，所以請好好檢視你和別人的親密關係，有沒有辦法理解、體恤對方？假如你總是跟別人保持距離（無論是因為自己態度冷淡，或是老愛亂講笑話），也是時候認真想想那些你自己設下的界線。

第八宮也和嫉妒、占有慾相關。當你出現嫉妒的心態時，試看看這次能不能把情緒處理得更好；或是出現了想控制別人的傾向，請先為控制別人一事好好收拾善後，接著再想想看有沒有更好的方式來穩定自己。

◐ 總而言之

　　第八宮掌管著性與金融。對某些人而言，第八宮意味著不祥，去翻閱一些古老的占星學文獻，你會發現第八宮有各式各樣關於死亡的奇怪紀錄，因為第八宮曾經是代表死亡的宮位。但是，現在我們會用更開明的角度看待它，譬如我們可能會說，第八宮代表死亡和重生，為原本有點恐怖的宮位增添佛教思想，試著把這個宮位想像成浴火重生的鳳凰，或是回歸土壤、被重新吸收的落葉，最終重生為在同一處茂盛生長的植物。

◐ 可以做的五件事

- 要求別人償還債務。
- 更新保險契約。
- 不要指望別人的錢，或是讓人欠你錢。
- 檢查你的貸款，看能不能換一個更好的方案。
- 捨棄你一直在計劃的事。

☾ 有利的一面

如果有人欠你錢，可以試著把借據傳給他們當作提醒。現在是拿回款項的絕佳時機，也很適合更新你的保單，或是把稅繳清。

若你正在擬訂一項財務計畫，現在尤其適合快速地再檢視一次。這可能會是一段令人困惑的時期，但因為水星在你的第八宮逆行，實際上會帶來更多時間，讓你能好好解決任何財務問題，這是它的好處之一。

另外，由於第八宮也有性的元素，因此你可能會和舊情人重燃愛火、發生關係。如果覺得這樣也不錯，就好好享受吧！

☾⊙ 要小心……

　　水逆會影響從他人身上獲取的資源，換句話說，別人給出的承諾可能不會實現，或是實現得比約定的時間晚。因此，請特別留意自己的貸款與債務，因為有可能會被收取不對的數目。

　　另外，親密關係可能更難達成，你或許還會需要討論性的議題（部分原因可能是有祕密在水逆期間被公開了）。過度情緒化、悲觀的心態，導致你只看得到每件事最糟糕的情況。如果你沒辦法保持樂觀、謹慎地處理問題，最好是等到水星順行後，再來討論這些大事。

☾⊙ 宇宙附贈的禮物

　　三大自我喊話：這些自我喊話能幫助你善用位於第八宮的水逆能量。方法是，從中挑選一句整天複誦，再

選出一句反覆執行，將第三句奉為行動圭臬，如此一直重複。

　　⚔ 我在物質方面被照顧得很好。

　　⚔ 我的金錢需求都有滿足到。

　　⚔ 我的性生活十分美好、健康。

精油：沒藥

女神：迦梨（Kali），帶給我們自由的女神

大天使：耶利米爾（Jeremiel），為我們檢視人生的天使

☾ 水逆之後

　　水星在第八宮恢復順行，這應該是個好消息。幾個星期以來，你在性或金錢方面可能是停滯或出現問題。因為水星在你的第八宮逆行，它掌管了性、共有的金錢

（信用卡、貸款、薪資等等），所以你會一直卡在這些議題上，根據現實情況分析。不過，當水星改變方向、恢復順行，雖然還是有可能會再碰到一點點混亂，但接下來，你的財務狀況、性生活都會開始變得比較順利，和另一半之間的誤會也會變少。

水逆在第九宮

　　第九宮代表人生的「宇宙之路」，包括冒險、學習、旅行、教育。當水星在第九宮逆行，上述領域可能會出現混亂，你也將對上述的議題重新思考。因此，說不定是時候重新審視一下你的人生哲學，看有沒有什麼事情需要學習。

　　如果你正在旅行或學習，要特別當心。在此刻旅行，

你可能會有一段預期之外、瘋狂又莫名的冒險。不要放貴重物品在行李箱裡，因為行李箱可能比平常更容易在運輸過程中遺失（希望只是暫時的不見）。

如果你正在學習，要特別留意自己的作業，因為水逆期間做的事常會需要重做。若是打算編輯書面文字、瀏覽某個課程，或重新修習精進自我的課程，現在會是非常理想的時刻。而假如你正在猶豫該不該一頭栽進一場大冒險，建議先讓事情自然發展，不要急著做出重大決定，除非你已經被它的不確定性、一再變動的可能性逗弄得蠢蠢欲動了。

☾ 總而言之

第九宮掌管旅行、學習，以及對人生的偉大探索。這是代表冒險的宮，你將從此出發探索整個世界和宇宙。另外，這也是學習之宮，讓人能夠看到俗話說的「大格

局」。當水星在第九宮逆行，很可能就是時候重新思考這些議題了。

☽ 可以做的五件事

- 重考，或重新開始之前放棄的課程。
- 重新出版你的作品。
- 舊地重遊。
- 專注思考人生的大哉問。
- 重新審視某個法律問題。

☽ 有利的一面

現在是修訂任何書面文字的絕佳時刻，也很適合讀一些會讓你對世界有不同想法的書。倘若你希望自己的作品能順利出版，盡可能留時間好好編輯。

第九宮也和旅行有關，所以很適合造訪某個之前去過的遠方。假如你正在處理法律問題，它在這時會重新浮現，只為了讓你再進一步審視。

☾ 要小心⋯⋯

雖然舊地重遊可能很好玩，可是當水逆落在你的第九宮，長途旅行可能會出現問題，比如人都抵達目的地了卻發現行李沒有跟著來。因此，要做好行程或交通延誤、取消的心理準備。

你被牽扯進去的法律問題有可能變得更複雜。最好的處理方式就是謹慎行事，一步一步來，要確定自己清楚地了解每一件事，每一個相關人員都能理解你說的話。

維持思考上的大格局會比平常來得困難。你可能需要多花點時間，才能具體地想像自己打算走多遠。這也

許會讓你的自信心動搖，但若能好好回想經歷過的事、取得的成就，要恢復樂觀就容易多了。

☾⊙ 宇宙附贈的禮物

三大自我喊話：這些自我喊話能幫助你善用位於第九宮的水逆能量。方法是，從中挑選一句整天複誦，再選出一句反覆執行，將第三句奉為行動圭臬，如此一直重複。

✕ 我知道我很幸運。

✕ 人生是一場冒險。

✕ 整個世界都是我可以盡情揮灑的舞臺。

精油：檀香木

女神：福圖納（Fortuna），幸運女神

大天使：拉貴爾（Raguel），和平天使

☾⊙ 水逆之後

　　水星在你的第九宮再次恢復順行，意味著你比較能輕鬆地跟上生活的腳步，也會比較容易理解周遭發生的事（至少能維持到下一次水逆之前）。雖然水星在掌管旅行、學習、冒險、人生哲學的第九宮逆行，會讓你覺得自己的學習、旅遊計畫被困在一個無止境的迴圈，反覆循環，毫無進展。但現在，水星已改變方向、恢復順行（雖然你還是可能感受到最後一絲水星逆行的瘋狂能量）接下來你就可以期待學習和旅遊計畫的展開變得順利，生活也會朝正確的方向前進。與此同時，你甚至可以察覺，過去幾週的延誤實際上是有幫助的。

水逆在第十宮

　　第十宮與職涯、社會地位有關。當水星在第十宮逆行，這些領域可能出現混亂，你也可能需要重新思考自己的公眾形象、職業、專業地位。在辦公室時（或任何你工作的場所）要特別留意，不要讓一些愚蠢的錯誤毀了你的表現，小錯誤的出現會是這次水逆的陰暗面。不過，好處是你能針對自己的野心重新思考——對自己的職涯方向滿意嗎？現在是不是該追求一些新事物，才更

符合自己的利益？

　　有些人的升遷可能會卡關，也有些人會重新衡量自己的工作條件，像是安排偶爾的居家辦公。還有些人因為過去的好表現，現在終於獲得早應入帳的報酬，這個報酬可能是獎金，也可能是拍拍背的鼓勵，甚至還可能是他家公司提供的誘人挖角條件。

☾⦿ 總而言之

　　第十宮掌管抱負、職涯，以及你是如何取得成功的。第十宮會告訴你來到這個世界的使命，以及如何達成目標。你會知道自己是怎麼成功的，能在這個社會站上怎樣的地位。甚至，「自己來到地球是為了做什麼偉大的事呢？」類似這樣的人生問題都會浮現。

☾ 可以做的五件事

- 重新思考你的過往職涯。

- 思考自己希望這一生能留下什麼。

- 顧好老本行。

- 重新應徵之前沒被錄取的工作,如果你還想要那份
  工作的話。

- 改造你的公眾形象。

☾ 有利的一面

現在很適合更新你的履歷,以及工作領域上的人脈,
也很適合重新思考職涯之路、重新定義何謂名聲。雖然
現在不一定是換工作的好時機(除非你上一次辭職是在
水逆期間的事),但你可以思考長遠的職涯規劃。

如果某個工作機會曾經落空過，或是沒有得到最想要的職缺，現在機會有可能重新出現。這次的水逆或許會讓你的職務出現混亂，但如果運用得當，也許會成為一個重新定義、甚至改動工作內容的好機會。

☾⊙ 要小心……

　　職涯上可能會出現讓你非常沮喪的問題，比如升遷被推遲、和老闆發生誤會……最好的處理方法就是保持耐心，採取謹慎的態度，因為現在不是應徵新工作的好時機。同樣的道理，假如你的工作需要面對群眾，請盡己所能地明確表達。

　　如果你是自雇者，要注意新簽訂的合約、新客戶。你可能得重新想想該怎麼行銷自己，以及該跟哪些客戶合作。

☾◉ 宇宙附贈的禮物

　　三大自我喊話：這些自我喊話能幫助你善用位於第十宮的水逆能量。方法是，從中挑選一句整天複誦，再選出一句反覆執行，將第三句奉為行動圭臬，如此一直重複。

　　✕ 我的前景大好。

　　✕ 這麼成功真是太美好了。

　　✕ 我好喜歡看到自己的計畫奏效。

精油：月桂

女神：茱諾（Juno），象徵忠誠的女神

大天使：亞茲拉爾（Azrael），象徵轉變的天使

☽ 水逆之後

　　水逆在第十宮恢復順行，意味著職場上的誤會將會減少。因為水星在代表事業的第十宮逆行，所以你的專業生活會是關注焦點。如果工作時一直繞圈子、犯愚蠢的錯誤、被迫忍受和同事之間的不愉快，甚至想逃到一個不用上班的地方，這些都是水逆造成的。當水逆結束，先做好會有最後一次混亂的心理準備，再來要把事情想清楚就容易多了。如果你在過去幾週曾認真思考自己的職涯規劃，那現在就快到付諸實行的時刻了。

水逆在第十一宮

　　這時候適合重新思考你的交友、社交、人際關係，以及你的希望與夢想。水逆落在第十一宮的好處，是你會有辦法重新認清誰才是真正的朋友，思考他們帶來的是良好影響嗎？壞處則是，除非保持幽默，否則有些友情可能會受到考驗。

　　某些希望和夢想正在改變，而你必須接受這件事。

你可能會需要思考，是要用新方法來實現夢想呢？還是應該認真考慮那些希望的可行性呢？矛盾的是，第十一宮既包含為了融入群體而做的事，又掌管為了脫穎而出、展現個性所要做的事。

要了解第十一宮，最好的方法是想像一個倒立的人——用另一種角度看世界，這也是你在水逆期間遇到問題時可以採取的做法。無論那個問題是與人有關，還是與想讓它「成真」的事有關，都請換個角度看待所有突發事件。

☾⊙ 總而言之

第十一宮象徵你的朋友和你隸屬的社交圈。它掌管著與你有連結、會約出去玩的那群人、志同道合者，也和你所屬的團體、你如何適應那樣的角色有關。另外，它也和對你的同儕而言，你是個怎麼樣的朋友有關。第

十一宮同時也代表希望和夢想。而在水逆期間，上述議題都會需要重新審視一番。

☾⊙ 可以做的五件事

- 和老朋友重新聯繫。
- 解決和朋友之間的誤會。
- 重新拾回或定義你的夢想。
- 調查一下能讓你達成目標的人脈。
- 花時間獨處，重新認識自己。

☾⊙ 有利的一面

這段期間，你有機會和老朋友更新彼此的近況，你們也有可能意外巧遇。如果有哪個老朋友是你覺得不該漸行漸遠的，趁現在重新聯繫會很有幫助。

在第十一宮的水逆能讓你明白誰才是真正的朋友。因此，現在也是時候擺脫不適合你的人際關係。同樣地，現在是深入了解所屬團體的好時機，為什麼你會加入，你又從那些團體中學到了什麼。

☾ ⊙ 要小心……

你可能會和朋友產生誤會，例如：聚會延期或取消、朋友不太好溝通或是發出令人混淆的訊息。但在大發雷霆之前，請確保自己有搞清楚狀況，最好不要太相信八卦、謠言。

你可能會覺得一切變得難以負荷，決定暫時退出所有社交場合。好好充電，花點時間單獨探尋自我，對你是無害的。

現在不是購買電腦或其他電子產品的好時機，也要

小心你的手機可能每五分鐘就會不見一次。

☾ 宇宙附贈的禮物

　　三大自我喊話：這些自我喊話能幫助你善用位於第十一宮的水逆能量。方法是，從中挑選一句整天複誦，再選出一句反覆執行，將第三句奉為行動圭臬，如此一直重複。

✕ 我與各地的所有生命相連。

✕ 我喜歡我的朋友，我的朋友也喜歡我。

✕ 我的夢想在恩典之下正完美成形。

精油：乳香

女神：伊西斯（Isis），偉大的女神

大天使：烏列爾（Uriel），光之天使

☾◉ 水逆之後

　　謝天謝地！水星再次恢復順行，意味著生活將不再混亂。因為水星在掌管朋友的第十一宮逆行，你的社交生活可能已受到影響。假如你和朋友在過去幾週發生爭執，或是感覺他人一直故意曲解你的意思，水逆就是原因。隨著水星改變方向、恢復順行，雖然朋友間還是會出現一點小芥蒂，但如果真的發生了，請盡量保持冷靜，因為在那之後，一切會變得輕鬆許多。

水逆在第十二宮

　　第十二宮和潛意識有關，也就是藏在腦海裡，沒人看得到的部分。這個位置儲藏著恐懼和靈性，過去的恐懼可能再次浮現，而你這次總算能好好應對。或者，過去一直藏著的祕密又冒出來了，所以你得重新思考這些領域的問題。

　　有些你不太想談論的事也可能出現混亂，而現在該

做的就是盡可能釋放過去的悲傷。你知道有恐懼阻礙著自己，所以請盡可能地找出恐懼的源頭，並運用這個資訊來消除恐懼。如果你知道怎麼冥想，現在正是時候（重新）投入其中。這個時期，你會準備結束人生的其中一個舊篇章，所以盡量整理好思緒，想想自己希望把哪些人事物留在過去。

☽ 總而言之

這是向內探尋的時間，冥想和沉思都是越多越好。現在也很適合把「心存善念，必有善行」這句話放在心上，可以的話，盡量專注在正向的想法上，不要沉浸在過去。假如有祕密曝光，花時間獨處能讓你有機會好好自我反思。

最後，只要第十二宮的水逆結束，水星的下一步就是進到你的第一宮，而你會發現表達自我變得容易多了。

☽ 可以做的五件事

- 重新找回自己的靈性。
- 開始療程或諮商。
- 驅除心魔。
- 記錄自己的夢境。
- 冥想。

☽ 有利的一面

當水逆落在第十二宮，靈性的一面會得到強化，很適合冥想或祈禱，請好好利用。一旦周遭出現任何細小的變化，你也會變得更容易察覺。

夢境和想像力會變得更強烈，所以有需要的話，可以適時抽離、休息一下。不過，你的夢境其實也透露了某些資訊，想要你特別留意。

假如你為某個恐懼所苦，那個恐懼可能會在這時候被誘發，但這會是件好事，因為你將能好好地處理它，一勞永逸地解決。

☾ 要小心……

你也許會感到孤獨，除了睡覺之外什麼也不想做。後悔、內疚的情緒可能會縈繞著你。這時請對自己友善一點！我們都會犯錯，只要能夠允許自己向前邁進，你一定可以做出正確的決定。

你以為已經結束的事情可能再次出現在生命當中，或許那些事從未真正離開過。雖然你現在被迫要擺脫它們，但也是時候讓這些煩擾的問題好好結束了。請注意，雖然這次的水逆會讓你變得更敏銳，但也有可能過度解讀當下的情境，甚至害得直覺完全失控。不過，因為失控還滿可怕的，所以你也能很快地知道自己的預感消失

了沒。另外也建議仔細留意別人是否有欺騙的意圖。

☾ 宇宙附贈的禮物

　　三大自我喊話：這些自我喊話能幫助你善用位於第十二宮的水逆能量。方法是，從中挑選一句整天複誦，再選出一句反覆執行，將第三句奉為行動圭臬，如此一直重複。

　　╳ 我做得到說不。

　　╳ 我要專注於讓內心平靜。

　　╳ 我現在要釋放我的恐懼。

精油：薰衣草

女神：觀世音菩薩（Kuan Yin），慈悲女神

大天使：聖德芬（Sandalphon），仲裁天使

☾⊙ 水逆之後

　　水星在第十二宮再次恢復順行，意味著生活會變得更簡單明瞭。當水星在掌管祕密和靈性的第十二宮逆行，你很可能會經歷一個謎團，或者需要把某個謎團解開。如果你對某人抱持懷疑、如果你近來一直被恐懼驅使、如果你在獨自沉思時感到困惑，又如果你企圖對某人不誠實，現在都該結束了！隨著水星改變方向、恢復順行，請先預期會有最後一波騷動，在你打算欺騙別人，或是過分苛責自己之前，請多小心、三思而後行。水逆的結束代表著全新的開始，你將能夠暫時抽離、好好思考人生，如果你想那麼做的話。

第四章

當水逆與行星有相位

···········‹‹ ✦ ››···········

　　第四章主要提供給更進階的占星朋友。一旦你深入鑽研占星學，就會知道水星逆行時可能和你本命盤的星產生相位，即所謂的「行星過運」。

　　當行星過運的相位是「合相」，也就是水星和你的某顆星落在同一個星座且度數相同時，你可能會感受到更強烈的水逆能量。

　　在閱讀第四章前，讀者需要先熟知個人星盤，並且能夠看出水逆是否、何時和其他星有相位。

　　接下來的解讀主要是從合相的角度出發，但若水逆和其他星形成二分相或四分相，以下內容也適用。

···········‹‹ ✦ ››···········

太陽

由於太陽象徵最核心的你，也就是「自我」，因此這次的行星過運會是非常私密、個人的。當水星在太陽之上逆行，它會讓你慢下來，反覆思考、重新回顧自己的人生。這會是非常重大的課題，因為某種程度來說，你必須回到過去，才能更了解現在。這段時間也會充滿延遲，畢竟水星魔術師正在逗弄你，而你會需要一點幽默感。

水逆相位的建議

你有幸得到可以重新思考人生中任何事的機會，保持正向心態就對了。

月亮

當水星和你的月亮合相（0°）、二分相（180°）或四分相（90°），將會是一段劇烈、緊張的時期。從某方面來說，它會帶來正面的影響，因為你會在情感、家庭生活、與母親的相處上得到二次機會。不過，由於水逆可能帶來混亂，它和月亮合相將會是一場對你來說頗嚴峻的考驗。假如你一直否定自己對某人某事的真實感受，現在會是你面對那情感的時刻。

水逆相位的建議

對自己寬容一點，允許自己好好感受情緒（你可能以為自己已經相當體認到那些情緒了，但其實還沒）。

水星

當水逆和命盤上的水星產生合相，可以說是雙重打擊。如果水逆會讓你往回看，這次的行星過運就會有雙重的效果。水星是心智之星，當它和個人星盤上的水星產生合相，你勢必會針對某人某事重新思考，而且可能會變得有點「後設」，換句話說，你會要求自己反覆思考已經想過的內容，也就是重新思考自己的思考。這時候應該考慮的是，你需要別種觀點嗎？還是你需要就重要議題進行另一次對話，好釐清問題呢？

水逆相位的建議

請保持開放的心態，如此一來，就能解決過去可能困擾著你的問題。

金星

當水星和金星產生合相，它可能會造成愛情或金錢方面的混亂。但也是有好處的，畢竟當心智之星（水星）逆行在愛之星（金星）上，一定能帶來戀愛上的第二次機會，也許是和舊情人做個了結，或是和現任伴侶談論某個令人心煩意亂的問題。

金星也有財務的面向，所以當水星和你的金星合相，可能會提供你所需的能量，好好地重新考慮自己的財務狀況，或是讓你終於收穫到過去的金錢（不過，這也意味著某個財務上的老問題可能會再次浮現，假如是這樣，請深呼吸！）

水逆相位的建議

請給你關心的人、關心自己的人第二次機會，甚至試著對你一直不太喜歡的人敞開心扉。並且，重新思考自己的財務規劃。

火星

這次的行星過運可能相當火爆，因為和火星有關的任何事都有著激烈、火熱的一面。當然，因為水星是心智之星，當它在你的火星上逆行，可能代表某個舊爭執會再次出現，或是某個戲劇化的情境會重新上演。不過，這也有個好處：把事情（一次又一次）好好講清楚可能正是你需要的，這樣才能解決紛爭，讓所有人停止口角。火星是一顆很有「行動力」的星，所以這次的行星過運也會讓你比較難有飛快的進展，要有耐心。

水逆相位的建議

利用此相位來解決煩惱，就必須在應對上變得更加巧妙。另外，現在也是重拾某項運動的絕佳時機。

木星

大家都知道水逆通常會是考驗我們的時期，但這次的行星過運會有好處：獲得第二次機會、「回到未來」的旅行。因為木星是一顆能看見大局的幸運星，當水星在木星上逆行，可以把它解讀為一段幸運的休息時間，讓我們通往第二次機會。假如你在某個情況中發揮得不太理想，但又希望行得通，那麼水逆和木星的合相就可能帶來你所期望的第二次機會（不過當然，你也得查查看水星在哪一宮逆行）。

水逆相位的建議

請問問自己是否感到幸運，如果沒有，請提醒自己，會有第二次機會讓你獲得好運的。

土星

老實說，土星在你的星盤上越少被觸發，通常代表你的生活會越輕鬆。水星與你的土星合相（或二分相、四分相）大概不會是一件有趣的事。土星像是脖子上的隱痛，可以的話，最好不要刺激它或讓它復發。

另外，有一種說法是，如果水星在你的土星上「倒退走」，無論土星想要教會你什麼，你都會得到兩倍的教訓。假如你渴望把握人生，盡可能學習到各種經驗，那就太好了。但假如你只想要休息，這次行星過運對你來說就會像個害蟲，因為它會讓你被迫一次又一次面對有點不愉快的事情。

水逆相位的建議

　　最好能嚴以律己，假如你得在某些方面更用功，請
承認這一點。好好學一個之前拒絕學習的課程。

天王星

這次行星過運的好處，是你會有第二次機會找到一個非常棒、獨一無二的方法來解決問題。水星是心智之星，而天王星則充滿著突如其來的轉變，所以當水星和天王星合相，你很有可能會靈光一閃（也許你早該想到的），或者你會發現自己擺脫了某個困擾的問題，在精神上重獲自由。

除此之外，請確認你的星盤，看看天王星落在哪一宮，這樣你就會知道它的作用方式。記得，天王星屬於世代行星[2]，跟海王星、冥王星一樣。

水逆相位的建議

　　請對新想法保持開放的態度，拋開思想的束縛，包括那些從你已熟知領域所延伸出的奇想妙計。

2：西洋占星學中，星體被分作「個人行星」（太陽、月亮、水星、金星、火星）、「社會行星」（木星、土星）以及「世代行星」（天王星、海王星和冥王星）。

海王星

你是不是拚命尋找與伴侶的第二次機會，或是其他讓夢想成真的方式呢？水星作為心智之星，或許會造成一些負面影響，但因為海王星是靈感之星，如果你希望再有一次機會從某人某事上獲得靈感，甚至啟發，那麼這次的行星過運絕對是有幫助的。

不過，海王星也可能是一個騙人的小壞蛋（這點取決於海王星在星盤上的位置），表示這次行星過運極可能讓過去的欺騙重演。被騙一次，那是對方太過分了，但假如被騙第二次，就表示……

水逆相位的建議

　　請冥想、冥想，再冥想，任何適合你的冥想方法都可以。聚焦在這次行星過運比較靈性的一面，就能幫助你從中獲得最大的效益。

冥王星

水星在冥王星上逆行可能代表著煽動性。冥王星是一顆具有爆發性、有如惡魔般的星（有點像土星），所以它常常被排除在外。當水星與你的冥王星合相，這會是一段深思熟慮、深度溝通的時期，再加上水星逆行，讓你就是有辦法得到第二次機會來重新整理。

不過，因為水星掌控溝通、冥王星容易引發沸騰與爆炸，所以水星在冥王星上逆行時，會帶來一些戲劇化的情境，需要好好地深呼吸。好消息是水星的移動速度比較快，這段時間很快就會過去了（希望如此）。

水逆相位的建議

　　請深度思考、再重新深度思考。準備好把一些舊想法砍掉摧毀，改變自己的思維。

上升

當水星逆行在上升，這個星盤上最個人化的點，將帶來極大的影響，甚至會和逆行在太陽上一樣強烈（請記得，上升尖軸是根據出生時間、日期、地點等資訊彙整而來的）。對某些人而言，這就像是水星和太陽一起逆行：一段重新思考所有事情的時期。現在可能是時候改變世界看待你的方式，也可能是時候為了好好了解現在而重返過去。但是你應該回去嗎？這就是問題所在！

水逆相位的建議

請試著改變自己的生活。保持開放的心胸面對突如其來的重大轉折，或是某個在過去發生、卻足以改變現在生活的衝擊事件。把握出現在你眼前的第二次機會。

下降

下降是星盤上的一條軸線，又稱為「婚姻尖軸」。
這是通往第七宮的入口，和愛情、伴侶、公開的敵人有
關。水星逆行在下降尖軸是件大事（星盤上的四大軸點
有行星進入時，當事人都會很有感，觸發的議題都很重
要）。

這段期間，你和伴侶或前任之間可能會出現混亂，
不過同樣地，這陣子你也能得到或給予某人再愛一次的
機會。如果你愛著前任情人，你們或許能重新面對面，
看看接下來會如何變化。因此，在這次的水逆期間，請
和伴侶加倍努力解決你們之間的問題。

水逆相位的建議

　　請給你關心或關心你的人第二次機會。不論是可能會與前任和解、或是畫下句點，都請保持心胸開放。

天頂

水星移動至天頂上方，意味著職場上的混亂。大家都知道水逆是一段充滿紊亂的時期，所以當水星逆行在星盤上關於職業的那條軸線，你工作上的混亂可以想見。不過，正如所有水逆週期，你會有機會再次嘗試某事。假如你曾在專業領域搞砸過某件事，現在或許是重新做好、把它導正的時機。另外，一些過去未曾出現的工作機會可能到來，你可以重新審視工作計畫一番。

水逆相位的建議

你可以喚起過去某個職涯目標，那會是與現在的職業相關、你可能曾經想完成卻被擱置或遺忘的目標。

天底

星盤上的天底是關於家庭、家人，以及你從何而來的一條軸線，也是星盤上最私密的角度。當水星在此逆行，你很可能會迎來一趟類似「回到未來」的旅程。也許會回到以前住過的地方，或是重新思考自己住過的地方、現在的住所和未來想居住的地方。這是一段內省的時間，讓水逆自然發揮它的影響。假如你和家人之間有摩擦，現在正是為了和解（再次）把話說開的好時機。

水逆相位的建議

你可以沿著記憶的廊道漫步，對自己仁慈一點，或是重新思考自己在居住環境上的安排。

附　錄

水逆時間表

　　要知道水逆的時間，最簡單的方式就是上網查詢，或是留意報章雜誌的占星專欄。本書也收錄至 2032 年前的水逆時間表，如果你想要提前確認、規劃行程，像是要為某個活動挑選日期，本書可供參考。

　　如果你正在學習占星，可以查看逆行開始和結束有沒有和你的星產生相位，是衝突相或是和諧相。

☾⊙ 至 2032 年的水逆時間表 (已調整為台灣時間)

月 / 日（時間）	逆行狀態	位置
2023 年		
12 / 13（15:08:53） 01 / 02（11:07:20）	逆行開始 逆行結束	摩羯座 射手座
2024 年		
04 / 02（06:14:16） 04 / 25（20:53:54）	逆行開始 逆行結束	牡羊座 牡羊座
08 / 05（12:55:50） 08 / 29（05:13:44）	逆行開始 逆行結束	處女座 獅子座
11 / 26（10:42:09） 12 /16（04:56:04）	逆行開始 逆行結束	射手座 射手座
2025 年		
03 / 15（14:45:50） 04 / 07（19:07:22）	逆行開始 逆行結束	牡羊座 雙魚座
07 / 18（12:44:45） 08 / 11（15:29:37）	逆行開始 逆行結束	獅子座 獅子座

11 / 10 （03:01:26）	逆行開始	射手座
11 / 30 （01:38:10）	逆行結束	天蠍座

2026 年		
02 / 26 （14:47:53）	逆行開始	雙魚座
03 / 21 （03:32:33）	逆行結束	雙魚座
06 / 30 （01:35:38）	逆行開始	巨蟹座
07 / 24 （06:57:34）	逆行結束	巨蟹座
10 / 24 （15:12:25）	逆行開始	天蠍座
11 / 13 （23:53:34）	逆行結束	天蠍座

2027 年		
02 / 10 （01:35:47）	逆行開始	雙魚座
03 / 03 （20:31:43）	逆行結束	水瓶座
06 / 11 （02:14:55）	逆行開始	巨蟹座
07 / 05 （03:39:03）	逆行結束	雙子座
10 / 07 （22:36:44）	逆行開始	天蠍座
10 / 28 （22:10:19）	逆行結束	天秤座

2028 年		
01 / 24 （19:02:06）	逆行開始	水瓶座
02 / 14 （20:37:27）	逆行結束	水瓶座

05 / 21 （16:42:39）	逆行開始	雙子座
06 / 14 （14:05:38）	逆行結束	雙子座
09 / 20 （00:33:28）	逆行開始	天秤座
10 / 11 （18:27:10）	逆行結束	天秤座
2029 年		
01 / 07 （15:56:11）	逆行開始	水瓶座
01 / 28 （02:39:51）	逆行結束	摩羯座
05 / 02 （07:05:08）	逆行開始	金牛座
05 / 26 （03:20:26）	逆行結束	金牛座
09 / 02 （20:17:41）	逆行開始	天秤座
09 / 25 （10:01:26）	逆行結束	處女座
12 / 22 （13:50:13）	逆行開始	摩羯座

2030 年		
01 / 11（13:45:06）	逆行結束	摩羯座
04 / 13（10:33:02） 05 / 07（04:14:27）	逆行開始 逆行結束	金牛座 牡羊座
08 / 16（09:19:47） 09 / 08（17:27:12）	逆行開始 逆行結束	處女座 處女座
12 / 06（10:47:00） 12 / 26（05:13:59）	逆行開始 逆行結束	摩羯座 射手座
2031 年		
03 / 26（08:43:35） 04 / 18（19:15:38）	逆行開始 逆行結束	牡羊座 牡羊座
07 / 29（14:47:29） 08 / 22（12:28:17）	逆行開始 逆行結束	獅子座 獅子座
11 / 20（05:15:30） 12 / 10（00:23:21）	逆行開始 逆行結束	射手座 天蠍座

2032 年		
03 / 08（00:21:39） 03 / 30（22:29:01）	逆行開始 逆行結束	牡羊座 雙魚座
07 / 10（10:33:27） 08 / 03（14:52:03）	逆行開始 逆行結束	獅子座 巨蟹座
11 / 02（19:56:41） 11 / 22（22:00:45）	逆行開始 逆行結束	射手座 天蠍座

謝　辭

感謝促成本書誕生的
每一個人

‧‧‧‧‧‧ ⸨ ⸨ ✦ ⸩ ⸩ ‧‧‧‧‧‧

非常感謝神祕的「Vee」女士協助編輯原稿，才讓這本書少掉許多潛在的水逆式錯誤！

也謝謝艾咪‧基伯德（Amy Kiberd）看見當初那份電子書的潛力、米歇爾‧皮利（Michelle Pilley）大方地放行、伊萊恩‧奧尼爾（Elaine O'Neill）協助這個寶貝孩子的誕生、麗安‧修‧阿納斯塔西（Leanne Siu Anasta-si）設計了漂亮的封面、茱莉‧奧頓（Julie Oughton）展現她一如往常、令人讚嘆的能力，克服水逆，讓這本書在沒有太多水逆式疏忽的情況下順利誕生！（恕我們直

言，疏忽是難以避免的！）

衷心感謝賀式書屋（Hay House）的全球團隊，包括喬·伯吉斯（Jo Burgess）、瑞秋·多德森（Rachel Dodson）、湯姆·科爾（Tom Cole）、負責外國版權的夥伴，當然還有里德·崔西（Reid Tracy），就是這群人幫助了這本書問世。

此外，還要謝謝愛莉克絲·特諾維斯（Alex Trenoweth），她在最後一刻為插圖作業提供了協助，我們非常感激她所給予的恩惠。最後，謝謝天之能量，啟發我們用嶄新的觀點看待水逆（這個已經非常知名的現象），特別是娑羅室伐底。

國家圖書館出版品預行編目 (CIP) 資料

水逆 12 星座生存指南：不只平安度過，更要逆勢成長
的生活實踐書 / 雅思敏．伯蘭，基姆．法內爾作 . -- 初
版 . -- 臺北市：三采文化股份有限公司，2023.10
　　面；　　公分 . -- (Mind map)
譯自：The mercury retrograde book.
ISBN 978-626-358-180-7

1.CST: 占星術

292.22　　　　　　　　　　　　112013922

◎封面圖片提供：
Olga - stock.adobe.com
Roman Sigaev - stock.adobe.com
WinWin - stock.adobe.com
Dragana Eric / Shutterstock.com

suncolor 三采文化

Mind Map 258

水逆 12 星座生存指南
不只平安度過，更要逆勢成長的生活實踐書

作者｜ 雅思敏·伯蘭、基姆·法內爾

編輯四部 總編輯｜ 王曉雯　主編｜ 黃迺淳　文字編輯｜ 游芮慈

美術主編｜ 藍秀婷　封面設計｜ 方曉君　版權選書｜ 杜曉涵

內頁排版｜ 魏子琪　校對｜ 黃薇霓

發行人｜ 張輝明　總編輯長｜ 曾雅青　發行所｜ 三采文化股份有限公司

地址｜ 台北市內湖區瑞光路 513 巷 33 號 8 樓

傳訊｜ TEL: (02) 8797-1234　FAX: (02) 8797-1688　網址｜ www.suncolor.com.tw

郵政劃撥｜ 帳號：14319060　戶名：三采文化股份有限公司

本版發行｜ 2023 年 10 月 27 日　定價｜ NT$450